LE CHRIST MAÎTRE

BIBLIOTHÈQUE DES TEXTES PHILOSOPHIQUES

Fondateur : Henri GOUHIER   Directeur : Jean-François COURTINE

SAINT BONAVENTURE

LE CHRIST MAÎTRE

Édition, traduction et commentaire du sermon universitaire
« Vnus est magister noster Christus »

par

Goulven MADEC
Directeur de recherche au CNRS

Second tirage

PARIS
LIBRAIRIE PHILOSOPHIQUE J. VRIN
6, Place de la Sorbonne
—
1998

© *Librairie Philosophique J. VRIN*, 1990
Printed in France
ISBN 2-7116-1026-8

Introduction

1. Un sermon universitaire

Au cours des années 1254-1257, frère Bonaventure était maître régent à l'école franciscaine de Paris. Il était dans la maturité de son âge : entre trente-cinq et quarante ans, et dans l'éclat de son génie : il avait déjà longuement commenté les *Sentences* de Pierre Lombard ; il commentait l'*Ecclésiaste*, la *Sagesse*, l'*Évangile selon saint Luc* et l'*Évangile selon saint Jean* ; il tenait ses débats (*Disputationes*) sur le mystère de la Trinité, sur la science du Christ et sur la perfection évangélique ; il rédigeait son court traité de théologie (*Breuiloquium*) et son opuscule sur l'organisation du savoir (*De reductione artium ad theologiam*)[1].

C'est probablement au cours de ces années que Bonaventure prêcha, un jour, sur le thème évangélique : «Vous n'avez qu'un maître, le Christ». Selon Jacques-Guy Bougerol, ce sermon «serait bien digne d'avoir été la leçon inaugurale du maître régent, lorsque l'Université accepta en 1257 que frère Thomas et frère Bonaventure soient consa-

---

1. Pour plus de détails sur la vie et les œuvres de Bonaventure, voir les deux ouvrages de Jacques-Guy BOUGEROL, *Introduction à l'étude de S. Bonaventure*, Paris - Tournai, Desclée & Cᵒ, 1961, et *Introduction à saint Bonaventure*, Paris, Vrin, 1988 (refonte du précédent ; j'abrégerai le titre du premier : *Introduction*¹, et celui du second : *Introduction*²). On trouvera les notices complètes des travaux désormais cités dans l'Index bibliographique à la fin du présent volume.

crés *in actu* et incorporés à l'Université»[2]. Selon Camille
Bérubé, il fut «apparemment prononcé à l'*inceptio* de Bonaventure comme maître régent en 1254»[3]. Balduinus Distelbrink estime que Bonaventure prêcha ce sermon «probablement à Paris dans la maison d'études des frères mineurs et
plutôt vers 1250 que beaucoup plus tard»[4]. Selon Alexander
Gerken, au contraire, il «est visiblement dirigé contre
l'averroïsme et suppose une situation qui ne se présenta
qu'après 1267. Il peut vraisemblablement être daté des
environs de 1270»[5].

L'incertitude en l'occurrence s'explique d'autant mieux
et les précisions se justifient d'autant moins que le sermon est
anonyme dans les deux manuscrits qu'on en connaît actuel-
lement.

Son authenticité bonaventurienne, toutefois, n'a pas été
sérieusement contestée. Le Père Fedele da Fanna et ses
collaborateurs de Quaracchi estimaient qu'il n'en faut pas
douter, tant est grande sa conformité de doctrine, de méthode et de style avec les œuvres indubitablement authen-
tiques[6]. C'est aussi l'avis de B. Distelbrink[7]. Nous relè-
verons, en effet, dans notre annotation bien des parallèles
doctrinaux et textuels caractéristiques. Les éditeurs de
Quaracchi écartaient, en outre, avec habileté, l'hypothèse
d'une compilation de thèmes bonaventuriens : l'agencement
du sermon est, selon eux, trop parfait pour cela ; et quiconque a une telle faculté de composition n'a pas besoin d'em-
prunter son bien doctrinal et verbal[8]. On ne saurait proba-

---

2. J.-G. BOUGEROL, *Introduction*[1], p. 174. Mais cf. I. BRADY,
«The *Opera omnia* », p. 58 : «Yet this sermon does not resemble any
other known *principium*».

3. C. BÉRUBÉ, «Guibert de Tournai», p. 629.

4. B. DISTELBRINK, *Bonaventurae scripta*, p. 79.

5. A. GERKEN, *La théologie du Verbe*, p. 116, n. 49. Je m'en
tiendrai à l'indication de J.-G. Bougerol.

6. *Opera omnia,* V, p. XLVI-XLVII.

7. B. DISTELBRINK, *Bonaventurae scripta*, p. 79.

8. *Opera omnia,* V, p. XLVI-XLVII.

blement dire plus ni mieux dans l'état actuel des connaissances. Je ne puis toutefois me défendre d'un brin de doute :
Matthieu d'Aquasparta a repris la thèse bonaventurienne
dans ses *Quaestiones disputatae de fide et cognitione*[9] ; il
n'était assurément pas le seul disciple à en être imprégné. Tel
d'entre eux n'aurait-il pas pu l'agencer sous la forme rigide
d'un sermon ? Ce n'est donc pas sans quelque hésitation que
j'ai inscrit, après d'autres, le nom de Bonaventure en tête de
cet opuscule. Je me devais d'en faire l'aveu.

Le théologien au XIIIe siècle avait trois fonctions : le
cours, le débat et la prédication. Pierre le Chantre, dans un
texte devenu classique, les comparait à une construction : la
lectio correspond aux fondations de l'édifice, la *disputatio*
aux murs, la *praedicatio* au toit «qui protège de la chaleur et
de l'orage des vices»[10]. Le sermon médiéval, surtout comme
acte universitaire, n'avait rien d'un «fervorino», comme on
dit en Italie, ou d'une aimable improvisation ; il obéissait à
une réglementation stricte, codifiée dans les *Artes praedicandi*. A l'époque, écrit le Père Marie-Dominique Chenu,
«On ne prêche plus "à plein évangile", par manière d'homé-
lie, en dégageant le sens spirituel des textes ; on choisit un
thème, c'est-à-dire une proposition extraite de l'Écriture
selon des règles conventionnelles, d'une arbitraire minutie.
Ce thème, on le traite comme une "autorité", c'est-à-dire
que, lui attribuant une valeur absolue, on le détache de son
contexte et on le revêt de tous les sens que les mots ainsi
abstraits peuvent supporter. Avant de développer le thème,
on introduit le *prothème,* espèce de prière d'exhortation,
qu'on énoncera et commentera en multipliant les apparen-
tements verbaux et idéologiques avec le thème principal.
Puis, moment décisif, on propose la division : art suprême,
où l'esprit se joue avec une virtuosité d'autant plus remar-

---

9. Voir *Fr. Matthaei ab Aquasparta Quaestiones disputatae de fide
et cognitione,* Quaracchi, 1957, p. 230-240.
10. PIERRE LE CHANTRE, *Verbum abbreuiatum* (*PL* 205, 25AB).
Cf. P. GLORIEUX, «L'enseignement au moyen âge», p. 106 et p. 148-
161 ; J. LONGÈRE, *La prédication médiévale,* p. 75-77.

quable que ses traits sont désormais liés eux-mêmes à une
technique préconçue où mots, textes, idées se rencontrent
par interférences régulières. Et ainsi de suite»[11].

Dans ce cadre rigide, le discours bonaventurien se
déploie avec une majestueuse simplicité : Le Christ est le
maître unique, en tant que Voie, Vérité et Vie. En tant que
Voie, il est le principe de la connaissance qui s'acquiert par
la foi, selon la double voie de la révélation et de l'autorité ;
en tant que Vérité, il est le maître de la connaissance qui
s'acquiert par la raison, selon la vérité immuable de l'objet
du savoir et selon la certitude infaillible du sujet du savoir ;
en tant que Vie, il est le maître de la connaissance
contemplative, intérieure selon sa divinité et extérieure selon
son humanité ... Je m'arrête, car le sermon est d'une clarté
analytique trop parfaite pour requérir un résumé ; on le
constatera à la première lecture[12].

Si ce mode de composition nous déconcerte, il nous faut
savoir que les auditeurs médiévaux, en revanche, les clercs,
étaient «rompus par métier à tous ces procédés dialectiques
dont était alors tissé tout l'enseignement. Loin de s'offusquer
de ces artifices, ils en étaient friands, et s'il est une tentation
contre laquelle nos auteurs mettent en garde, c'est bien celle
de céder au caprice de ces esprits plus attentifs à la rigueur
d'une subdivision ou à la retombée d'une cadence qu'à la
parole de Dieu»[13]. Le sermon n'en faisait pas moins
d'ordinaire l'objet d'un partage indissociablement esthétique
et doctrinal entre le prédicateur et les auditeurs.

Les techniciens médiévaux le comparaient à un arbre :
«Le thème en est la racine, le prothème le tronc, les parties
de la division principale les grosses branches, le dévelop-

---

11. M.-D. CHENU, Introduction à l'ouvrage de Th.-M. CHARLAND,
Artes praedicandi, p. 9.

12. Voir la note complémentaire (= NC) 2 : *La structure du
sermon*, p. 72-74.

13. M.-D. CHENU, *l. c.*, p. 10.

pement le feuillage»[14]. Selon Edgard de Bruyne, dans ses *Études d'esthétique médiévale,* «C'est à une puissante architecture que fait songer le sermon médiéval, simple et compliqué comme une cathédrale. Le thème en est le fondement... Le préambule est majestueux et vaste comme un puissant narthex... Immédiatement on se trouve devant les trois nefs, car un beau sermon se fait en trois points dégagés par division du thème...»[15]. Une autre comparaison s'impose encore : «L'esthétique formaliste de l'art de la prédication est celle de la composition musicale... Les variations "se correspondent" et le plaisir qui dérive de ce jeu savant est analogue à celui qui caractérise la composition raffinée d'une ballade, d'un rondeau, d'un virelet»[16].

Bonaventure se place au tout premier rang des prédicateurs médiévaux[17]. Il ne cessa de prêcher «depuis le moment où, bachelier formé, il en avait prêté le serment jusqu'au Concile de Lyon où il prononça son dernier sermon pour célébrer l'union des Grecs et des Latins»[18]. C'était le 29 juin 1274, une quinzaine de jours avant sa mort.

Un manuscrit d'Assise lui prête une *Ars concionandi,* que les éditeurs de Quaracchi ont publiée en tête du volume des sermons[19], tout en doutant de son authenticité. D'autres sont moins sceptiques[20]. Quoi qu'il en soit, Bonaventure maîtrisait parfaitement la technique de la prédication. Son

---

14. Th.-M. CHARLAND, *Artes praedicandi,* p. 113.

15. E. DE BRUYNE, *Études,* II, p. 52.

16. *Ibid.,* p. 52-53.

17. Voir J. B. SCHNEYER, *Repertorium,* I, p. 592-657 ; J. LONGÈRE, *La prédication médiévale,* p. 100.

18. J.-G. BOUGEROL, *Saint Bonaventure, Sermones dominicales,* p. 14 ; *Introduction*[1], p. 190-211 ; *Introduction*[2], p. 221-241.

19. *Opera omnia,* IX, p. 7-21. Selon Th.-M. CHARLAND, *Artes praedicandi,* p. 30-36, et J. LONGÈRE, *La prédication médiévale,* p. 198-199, il n'est pas de Bonaventure. É. GILSON s'en est beaucoup servi dans son étude : «Michel Menot et la technique du sermon médiéval», p. 93-154.

20. H. C. HAZEL, «The Bonaventurian "Ars concionandi"», p. 435-446; J. B. SCHNEYER, «Das Bild des Predigers», p. 518-519.

esprit systématique s'y trouvait tellement à l'aise qu'il en employait volontiers les procédés dans d'autres ouvrages. C'est ainsi que le prologue du *Breuiloquium* «est construit comme un sermon universitaire»[21]. De même le chapitre I de l'*Itinerarium mentis in Deum*[22]. De façon plus générale, la prédilection de Bonaventure pour les divisions assonancées, spécialement les ternaires, relève aussi de cette technique. La rigidité du cadre ne contrariait donc pas l'élan spirituel et mystique du prédicateur. Son discours devait, du reste, vibrer constamment des accents de sa conviction et de sa ferveur ; car il se faisait une haute idée de sa tâche : le prédicateur est l'ange de Dieu, son messager, sa voix, etc.[23], au service du Maître intérieur.

2. *Le magistère du Christ*

Jésus avait dénoncé la vanité des scribes et des pharisiens qui «aiment à occuper le premier divan dans les festins et les premiers sièges dans les synagogues, à recevoir des salutations sur les places publiques, et à s'entendre appeler "rabbi" par les gens». En contraste il avait fait à ses disciples cette recommandation : «Pour vous, ne vous faites pas appeler "rabbi" ; car vous n'avez qu'un maître et, tous, vous êtes frères. N'appelez personne votre père sur la terre ; car vous n'en avez qu'un : le père céleste. Ne vous faites pas, non plus, appeler "docteurs" ; car vous n'avez qu'un docteur, le Christ»[24].

Augustin avait tiré de cette déclaration sa thèse du Maître intérieur : «Au sujet de toutes les réalités dont nous avons

---

21. J.-G. Bougerol, *S. Bonaventure, Breviloquium, Prologue*, p. 67.

22. Voir l'édition de H. Duméry, p. 26 ss.

23. Voir J. B. Schneyer, «Das Bild des Predigers», p. 520.

24. *Matth.* 23, 7-10.

l'intelligence, ce n'est pas une parole qui résonne au dehors, c'est la Vérité qui préside intérieurement à l'esprit lui-même que nous consultons, avertis peut-être par les mots pour la consulter. Or celui que nous consultons est celui qui enseigne, le Christ dont il est dit qu'il habite dans l'homme intérieur, c'est-à-dire la Sagesse de Dieu immuable et éternelle»[25].

La doctrine de la présence de Dieu dans les âmes des fidèles était familière aux chrétiens, comme une donnée fondamentale de la spiritualité. Elle s'était développée en une mystique du Verbe, notamment chez Origène et Ambroise[26]. L'originalité d'Augustin était d'avoir énoncé une théorie christologique de la connaissance intellectuelle en général, et non pas seulement de la connaissance religieuse ou surnaturelle réservée aux chrétiens[27].

A la même époque que Bonaventure, entre 1256 et 1259[28], Thomas d'Aquin traitait aussi le problème du maître dans la onzième *Quaestio disputata de ueritate*. Il en donnait une solution raisonnable, comme à son habitude, en distinguant simplement l'enseignement intérieur de Dieu et l'enseignement extérieur de l'homme. C'était déjà, à son avis, la thèse d'Augustin : en prouvant que Dieu seul enseigne, Augustin n'entendait pas nier l'activité de l'homme dans l'enseignement extérieur ; il soutenait seulement qu'il n'y a que Dieu pour enseigner intérieurement[29]. L'objection que l'on prétend tirer de *Matth.* 23, 8 ss., ne tient pas ; car il est dit aussi, dans le même passage, que nous n'avons qu'un

---

25. *De magistro*, 11, 38 (*BA* 6, 3ᵉ éd., p. 136-137). Cf. *Eph.* 3, 16-17.

26. Voir F. NORMANN, *Christos didaskalos* ; A. LIESKE, *Die Theologie der Logosmystik bei Origenes* ; E. DASSMANN, *Die Frömmigkeit des Kirchenvaters Ambrosius von Mailand*, p. 171-179.

27. Voir G. MADEC, *BA* 6³, p. 31-38.

28. Voir *S. Thomae de Aquino Opera omnia*, XXII, 1, p. 5* ; *Saint Thomas d'Aquin..., Le maître*, p. 11.

29. *S. Thomas d'Aquin..., Le maître*, p. 46-47 (*Art.* 1, *Ad* 8).

père ; mais le fait que Dieu soit le père de tous n'exclut pas
que l'homme puisse être, lui aussi, réellement père[30].

Bonaventure ne méconnaissait ni ne méprisait le rôle des
maîtres humains ; mais il est clair que son intention était
d'exalter le magistère unique et universel du Christ et d'y
subordonner l'activité du professeur, du *doctor ministerialis* comme il disait[31].

Selon Fernand Van Steenberghen, «Le célèbre sermon
Christus unus omnium magister... ne contient rien qui
légitime l'idée d'une "métaphysique christocentrique", c'est-
à-dire d'une métaphysique qui devrait s'élaborer en référence explicite au Christ et aux vérités révélées par lui. Dans
les passages où il traite de la connaissance rationnelle, Bonaventure expose la doctrine augustinienne de l'illumination
divine, selon laquelle toute certitude absolue est fondée sur
les raisons éternelles, dont le Verbe est le lieu : le prédicateur franciscain en conclut que le Christ, en tant que Verbe
ou Vérité subsistante, est le Docteur ou le Maître suprême
dans le domaine du savoir rationnel comme dans celui de la
foi. Il est clair que tout prédicateur chrétien pourrait en dire
autant, même s'il ne partage pas les vues de S. Augustin sur
l'illumination : pour tout théologien, le Verbe est la Vérité
subsistante et le fondement ultime de toute vérité. Mais cette
thèse n'a aucun rapport immédiat avec la question de la
nature et de la méthode de la métaphysique, et le Docteur
Séraphique ne prétend nullement trancher cette question
dans ce sermon».

F. Van Steenberghen ajoute qu'«on trouve des accents
semblables chez S. Thomas lorsqu'il parle en théologien ou
en prédicateur de l'Évangile : "Sicut qui haberet librum ubi
esset tota scientia, non quaereret nisi ut sciret illum librum,
sic et nos non oportet amplius quaerere nisi Christum" (*In*

---

30. *Ibid.*, p. 32-33 (*Art.* 1, *Sed contra* 3).
31. Voir ci-dessous, § 24.

Epistolam ad Coloss., 2, lect. 1). Voilà un écho éloquent du *Christus unus omnium magister* !»[32].

Soit ; mais il est clair aussi que Thomas d'Aquin, en raison de sa propre théorie des rapports entre raison et foi, entre philosophie et théologie, n'avait pas le même intérêt que Bonaventure à insister sur l'action illuminatrice du Verbe dans le domaine du savoir rationnel. Thomas aurait-il écrit, par exemple, que «toute la philosophie naturelle proclame le Verbe de Dieu, né et incarné, afin d'être lui-même l'alpha et l'oméga ; né au commencement et avant le temps, incarné à la fin des siècles»[33] ?

Le christocentrisme de Bonaventure fonde sa «mission doctrinale» qui, comme le dit fort bien bien F. Van Steenberghen, «semble avoir été de mettre en lumière l'unité organique du savoir chrétien, à l'heure où l'émancipation croissante de la faculté des arts devenait une menace sérieuse de rupture entre la raison et la foi»[34]. L'insistance du jeune maître franciscain sur l'unique magistère du Christ n'était pas anodine dans cette ambiance. Les universitaires qui l'écoutaient ne pouvaient manquer de reconnaître, sous la solennité des formules, sa prise de position épistémologique : la soumission de la science aristotélicienne à la lumière augustinienne (§ 6-10) ne pouvait passer inaperçue ; pas davantage la gradation qui mène de Platon et Aristote au Christ, en passant par Augustin, Moïse et Paul (§ 18-19) ; et l'appel à l'unité doctrinale (§ 26-27) n'était pas à l'époque une simple formalité[35].

On conçoit aisément aussi que cette thèse du Christ Maître unique n'ait guère eu de succès, au cours des âges,

---

32. F. VAN STEENBERGHEN, *La philosophie au XIIIe siècle,* p. 265 et n. 159.

33. BONAVENTURE, *De reductione artium ad theologiam,* 20 (*Opera omnia,* V, p. 324b) ; P. MICHAUD-QUANTIN, *S. Bonaventure, Les six lumières,* p. 76-79.

34. F. VAN STEENBERGHEN, *l. c.,* p. 267.

35. Voir F. VAN STEENBERGHEN, *l. c.,* ch. IX : «Les grands conflits doctrinaux» ; Éd.-H. WÉBER, *Dialogue et dissensions.*

dans le monde des professeurs, où l'institution universitaire a consacré la confortable distinction des disciplines.

Lorsque Malebranche reprit la thèse dans ses *Méditations chrétiennes,* il ne tarda pas à se faire tancer par le grand Arnauld : «Cette manière extraordinaire de faire parler Dieu dans les Discours de philosophie est capable de surprendre bien des gens, encore même qu'on les avertisse qu'on ne le fait pas pour les surprendre. Le respect qu'on a pour Dieu nous donne une grande pente à prendre pour vrai ce qu'on nous dit de sa part, ou plutôt ce que l'on feint nous être dit par sa Parole éternelle. Il est assez surprenant que le P. Malebranche ait osé proposer comme des vérités sorties de la bouche de Jésus-Christ ce qu'il sait avoir choqué des Prélats et des Docteurs qu'il avait désiré qu'ils approuvassent son ouvrage»[36].

Le pasteur Jurieu n'était pas en reste : «Les pauvres Péripatéticiens et les disciples d'Aristote doivent être confus de voir que le Verbe éternel est devenu Cartésien sur ses vieux jours, et que leur Dieu s'est déclaré contre eux si formellement. Il faudra désormais être bien hardi pour combattre la nouvelle Philosophie, puisque Jésus-Christ s'est mis à la tête des nouveaux Philosophes. A parler sérieusement, il me semble qu'il faudrait garder plus de respect pour celui qui est la Sagesse éternelle. Quand nous faisons parler Dieu de notre tête, nous nous mettons en danger de lui faire dire des impertinences. On ne s'était encore jamais avisé d'ériger Notre Seigneur Jésus-Christ en maître de Philosophie et de lui faire débiter des visions Physiques et Métaphysiques. Et qui peut répondre de la solidité de ces Réflexions ? Nous ne devons jamais nous mettre en risque de faire mentir Dieu, et nous ne devons le faire parler que selon qu'il parle dans sa parole»[37].

---

36. A. ARNAULD, *Réflexions Philosophiques et Théologiques,* texte cité par H. GOUHIER, *Malebranche, Méditations Chrétiennes,* Paris, 1928, p. xxxiv et 4.

37. Texte cité par H. GOUHIER, *l. c.,* p. 4-5.

La thèse du Christ Maître unique est toujours précaire. Elle peut être facilement déconsidérée dans un monde sécularisé, où le principe de l'autonomie de la raison s'est imposé partout comme une évidence et une exigence élémentaires. Elle est aisément suspecte de favoriser les rechutes dans un régime de confusion intellectuelle[38]. A-t-elle pour autant perdu toute vertu de contestation ? Je ne crois pas et ne puis m'empêcher de penser au Père Teilhard de Chardin, sans prétendre l'annexer à la tradition augustinienne. On a, du reste, déjà montré comment «Teilhard et saint Bonaventure partagent une spiritualité qui est à la fois cosmologique et christologique»[39]. Je voudrais évoquer un autre point. Teilhard était aussi bon paléontologue que quiconque. Mais qu'avait-il donc besoin de présenter le Christ comme le point oméga de l'évolution ? Cette collusion devait heurter l'esprit de sérieux et susciter la réprobation tant des gens de théologie que des gens de science. Teilhard bousculait, en effet, les cloisons et faisait courant d'air dans l'atmosphère confinée des disciplines closes sur leur rigueur, scientifique ou autre ... Ne serait-ce pas, toujours et partout, la fonction de l'esprit christique, qui n'est pas moins critique qu'un autre ?

3. Mode d'édition

Les éditeurs franciscains de Quaracchi ont tiré le texte du sermon du manuscrit de München, Bayerische Staatsbibliothek, lat. 7776 (f. 219vb - 221vb), qui date de la fin du

---

38. Voir Th. HEITZ, *Essai historique sur les rapports entre la philosophie et la foi de Bérenger de Tours à S. Thomas d'Aquin,* Paris, 1909 ; modèle d'étroitesse scolastique dans l'interprétation des doctrines préthomistes.

39. Voir E. COUSINS, «Teilhard de Chardin et saint Bonaventure», *Fondation et association Teilhard de Chardin,* Cahier VIII, *Terre promise,* Paris, 1974, p. 195-211 (extrait de la p. 196).

XIIIe siècle[40]. On en connaît maintenant un autre témoin, le manuscrit de Saint-Omer, Bibliothèque municipale, 289, qui date lui aussi de la fin du XIIIe siècle et contient principalement les *Quaestiones disputatae de ueritate* de Thomas d'Aquin[41]. Selon le *Catalogue général des manuscrits des bibliothèques publiques des départements* : «En tête de la Somme, ou des questions sur la vérité, se trouve une introduction occupant les quatre premiers feuillets. — Incipit : "Unus est magister noster Christus. Matth. 23" — Desinit : "Salubriter cultura Dei in alimentum"»[42]. Il s'agit en réalité de trois sermons anonymes :

— f. 1ra - 2va : «Vnus est magister noster Christus»

— f. 2va - 3vb : «Finis legis Christus omni credenti»

— f. 3vb - 4ra : «Tu autem Daniel claude librum».

Je dois ces renseignements à l'amabilité de J.-G. Bougerol ; qu'il en soit vivement remercié.

Renato Russo a publié une nouvelle édition du sermon, fondée sur la collation de ces deux manuscrits[43]. Ceux-ci ne présentent pas de différences capitales. Madame Jacqueline Hamesse a bien voulu me préciser qu'il s'agit de copies d'un même original qui était une mise au net d'une *reportatio*[44]. On peut donc se livrer à la sélection des «bonnes leçons», comme le faisaient les éditeurs de Quaracchi et comme l'a fait R. Russo. Il m'a paru plus utile de présenter une autre forme d'édition, plus modeste et peut-être plus rigoureuse. J'ai pris pour base le texte du manuscrit de Saint-Omer ; je n'ai retenu les variantes du manuscrit de München que dans les rares cas où l'autre texte était lacunaire ou manifestement fautif. Je suis redevable à Madame Françoise Hudry de

40. *Bonaventurae Opera omnia*, V, p. XLVb et XLVIa.
41. Voir *S. Thomae de Aquino Opera omnia*, XXII, 1, p. 23.
42. Tome III, Paris, 1861, p. 144.
43. R. RUSSO, *La metodologia del sapere*, p. 99-133.
44. Voir J. HAMESSE, «"Reportatio" et transmission de textes».

quantité de remarques de détail et je la remercie de m'avoir fait bénéficier de sa science d'archiviste-paléographe.

Voici les sigles que j'utilise dans l'apparat critique :

M = München, Bayerische Staatsbibliothek, Clm 776, f. 219vb - 221vb

O = Saint-Omer, Bibliothèque municipale, 289, f. 1ra - 2va

Qu = S. Bonaventurae... *Opera omnia,* tomus V, p. 567-574

Ru = R. Russo, *La metodologia del sapere*..., p. 99-133.

J'ai transcrit le texte latin sans artifices typographiques : il n'y en a naturellement pas dans les manuscrits. Les éditeurs de Quaracchi mettaient en évidence les articulations du texte par des italiques ; mais la rigueur analytique du sermon est telle que ces distinctions sautent aux yeux à première lecture. J'ai respecté, en revanche, la numérotation des sections, introduite dans l'édition des *Opera omnia,* afin de ne pas compliquer le système des références.

Le sermon a fait l'objet d'une traduction hâtive de la part du Père Valentin-M. Breton[45]. Une première version de celle que je présente a été publiée dans une anthologie dirigée par R. Imbach et M.-H. Méléard[46]. La difficulté de la tâche tient, non à la syntaxe, mais à la technicité du vocabulaire, notamment aux triades qui structurent le texte et dont il est malheureusement impossible de rendre les assonances en français. Je me suis tenu au plus près du latin, quitte à devoir infliger aux lecteurs quelques étrangetés, en pensant que des théologiens et des philosophes se permettent de nos jours des fantaisies verbales et syntaxiques de plus vile farine.

J'ai cru bien faire de compléter les citations bibliques, parce que je suppose que le prédicateur les donnait en

---

45. V.-M. BRETON, *Saint Bonaventure,* p. 369-386 : «L'unique maître».

46. *Philosophes médiévaux, Anthologie de textes philosophiques (XIIIe-XIVe siècles),* sous la direction de Ruedi IMBACH et Maryse-Hélène MÉLÉARD, Série «Bibliothèque médiévale», Coll. 10-18, Paris, 1986, p. 105-121.

entier[47], tandis que le «reportateur» se contentait d'un «et cetera», pour gagner du temps et ne pas perdre le fil du discours qu'il s'efforçait de transcrire. J'ai complété aussi les références, parce que cela me paraît conforme à l'intention de l'auteur, qui donnait lui-même régulièrement ses références, selon la consigne des *Artes praedicandi*[48] .

Je n'ai donné en notes de bas de page que les éclaircissements indispensables lors d'une première lecture ; et j'ai relégué le gros de l'annotation en fin de volume, parce que j'estime que le sermon de Bonaventure doit être d'abord lu d'une traite, afin qu'on en saisisse la puissance systématique. L'annotation voudrait fournir un instrument de travail sur le texte, une préparation à la deuxième lecture que ce petit chef-d'œuvre me paraît mériter. Je souhaiterais qu'elle servît aussi d'introduction à la doctrine bonaventurienne ou, du moins, à la lecture d'autres précieux opuscules, tels que le *Breuiloquium*[49], l'*Itinerarium mentis in Deum*[50], les *Quaestiones disputatae de scientia Christi*[51]...

---

47. Du reste, l'explication qui suit l'*etc*. manifeste, à plusieurs reprises, que le texte cité a été donné *in extenso*.

48. Th.-M. CHARLAND, p. 123-124.

49. Texte latin et traduction française dans la collection «Bibliothèque bonaventurienne», Paris, Éditions franciscaines ; dans la même collection : *Les six lumières de la connaissance humaine. De reductione artium ad theologiam,* par Pierre MICHAUD-QUANTIN, 1971.

50. S. BONAVENTURE, *Itinéraire de l'esprit vers Dieu*. Texte de Quaracchi, Introductions, traduction et notes par Henry DUMÉRY, Paris, Vrin, 1960.

51. Saint BONAVENTURE, *Questions disputées sur le savoir chez le Christ*. Traduction, introduction et notes par Éd.-H. WÉBER, Paris, O.E.I.L., 1985.

P. S. : Je remercie Robert Ackermann d'avoir bien voulu lire les épreuves de cet ouvrage et m'aider à corriger bien des fautes d'impression. Merci aussi à Nicole Bériou et Jacqueline Hamesse qui m'ont fait bénéficier de leurs avis de spécialistes.

Texte et traduction

Texte

1. Vnus est magister noster Christus, Matthaei XXIII. In uerbo proposito declaratur quod est principium formale illuminationis cognoscitiuae, Christus uidelicet, qui, cum sit splendor gloriae et figura substantiae dei
5   patris, portansque omnia uerbo uirtutis suae, sicut dicitur, Ad hebraeos I, ipse est qui est origo omnis sapientiae, secundum illud Ecclesiastici I : Fons sapientiae uerbum dei in excelsis. Est autem ipse Christus fons omnis cognitionis rectae. Et ipse est uia et ueritas et uita, Iohannis
10 XIIII.

Triplex namque est gradus cognitionis certitudinalis et rectae, secundum quod dicit Hugo, de sacramentis, in prima parte, X° libro : Isti sunt tres gradus promotionis fidei, quibus fides crescens ad perfectionem conscendit :
15 primus per pietatem eligere, secundus per rationem approbare, tertius per ueritatem apprehendere.

1, 1 noster] uester *M Qu Ru* ‖ 2 proposito] isto *M Qu Ru* ‖ 3 formale] fontale principium *M Qu Ru* ‖ 4 gloriae paternae *M Qu,* paternae *om. Ru* ‖ 5 dei patris] eius *M Qu Ru* ‖ 5 portans *M Qu* ‖ 8 Ipse Christus autem est *M,* Ipse Christus est autem *Qu Ru* ‖ 9 Et ipse] Ipse enim *M Qu Ru* ‖ 12 Vgo *M* ‖ 12-13 in prima parte, x° libro *in textu om. Qu Ru* ‖ 14 ad perfectum tendit uel conscendit *M Qu*

Traduction

1. «Nous avons un seul Maître, le Christ»[1], *Évangile de Matthieu,* 23, 10. Le thème proposé manifeste quel est le principe formel[2] de l'illumination dans l'ordre de la connaissance. C'est le Christ, qui «étant la splendeur de la gloire et la figure de la substance de Dieu le Père et soutenant toutes choses par la Parole de sa puissance», comme il est dit dans la *Lettre aux Hébreux,* 1, 3, est aussi l'origine de toute sagesse, selon cette phrase de l'*Ecclésiastique,* 1, 5 : «La source de la sagesse, c'est la Parole de Dieu dans les hauteurs». Or c'est le Christ lui-même qui est la source de toute connaissance droite ; car il est «la Voie, la Vérité et la Vie», *Évangile de Jean,* 14, 6.

Il y a, en effet, trois degrés de la connaissance certitudinale et droite[3], selon ce que dit Hugues de Saint-Victor dans le *Traité des sacrements,* I, X, 4 : «Voici les trois degrés du progrès de la foi, par lesquels la foi monte vers la perfection : le premier consiste à choisir par la piété, le deuxième à prouver par la raison, le troisième à saisir par la vérité»[4].

De ce propos il ressort qu'il y a trois manières de connaître, dont la première se fait par la croyance d'une

---

1. Voir la note complémentaire (= NC) 1: *Le Christ Maître,* p. 71-72.
2. NC 3 : *Principium formale / fontale,* p. 74-75.
3. NC 23 : *Ratio intellegendi,* p. 103-108.
4. *PL* 176, 332-333 ; NC 5 : *Les degrés du savoir chrétien,* p. 78.

Secundum hoc apparet quod triplex est modus
cognoscendi, quorum primus est per credulitatem piae
assensionis, secundus per firmitatem certae ratioci-
20 nationis, tertius uero per claritatem mundae contemplationis. Primus spectat ad habitum uirtutis quae est
fides, secundus ad habitum doni quod est intellectus,
tertius ad habitum beatitudinis quae est munditia cordis.

Cum igitur triplex sit cognitionis differentia, uide-
25 licet creditiua, collatiua et contemplatiua, omnium harum
est Christus principium et causa, ita quod primae est
principium in quantum uia, secundae in quantum ueritas,
sed tertiae in quantum est uita.

2. Christus namque secundum quod uia magister est
et principium cognitionis quae est per fidem. Haec enim
cognitio duplici uia habetur, per reuelationem uidelicet et
per auctoritatem.

5   Sicut enim dicit Augustinus in libro de utilitate cre-
dendi : Quod intelligimus debemus rationi, quod credimus
auctoritati. Auctoritas enim non esset, nisi reuelatio
praecessisset. Propter quod, II Petri I : Habemus firmi-
orem propheticum sermonem, cui bene facitis attendentes

1, 19 ascensionis *O* ‖ secundus... ratiocinationis *om. M,*
secundus per approbationem rectae rationis *suppleu. Qu* ‖ 24 cognitionis *Qu Ru* , cog°nis *O*, cogitationis *M* ‖ 26 ita *bis in O,* et ita *M*
Qu Ru ‖ 28 sed] et *M Qu Ru* ‖ est *om. M Qu Ru*

2, 1 est magister *M Qu Ru* ‖ 3 uidelicet per reuelationem *M*
Qu ‖ 6 ratione *M* ‖ 7 enim] autem *M Qu Ru* ‖ 9 facitis *om. M*

adhésion pieuse, la seconde par la solidité d'une argumentation certaine, la troisième, elle, par la clarté d'une contemplation pure. La première est relative à la disposition de la vertu qu'est la foi, la deuxième à la disposition du don qu'est l'intelligence, la troisième à la disposition de la béatitude qu'est la pureté du cœur[5].

Telles étant donc les trois espèces de la connaissance, à savoir celles de la croyance, de l'argumentation[6] et de la contemplation, le Christ est le principe et la cause de chacune d'elles, de telle sorte qu'il est le principe de la première en tant qu'il est la Voie, de la seconde en tant qu'il est la Vérité, et[7] de la troisième en tant qu'il est la Vie.

LE CHRIST VOIE

2. Le Christ, en effet, en tant que Voie, est le Maître et le principe de la connaissance qui s'acquiert par la foi ; car cette connaissance s'obtient par deux voies, à savoir par la révélation et par l'autorité.

En effet, comme le dit Augustin dans le livre *Sur l'utilité de croire,* 11, 25 : «Comprendre est affaire de raison, croire affaire d'autorité»[8]. Or il n'y aurait pas d'autorité, s'il n'y avait pas de révélation au préalable. C'est pourquoi il est écrit dans la *Deuxième lettre de Pierre,* 1, 19 : «Nous disposons, nous, d'un discours prophétique plus solide, auquel vous faites bien de prêter attention, comme à une lampe qui brille dans l'obscurité» ; propos par lequel Pierre

---

5. Cf. *Matth.* 5, 8 : «Beati mundo corde ...» ; NC 6 : *Vertus, dons, béatitudes,* p. 79-80.

6. «Collatiua» : NC 5 : *Les degrés du savoir chrétien,* p. 77-79.

7. Littéralement : «mais» ; même construction dans *De scientia Christi,* q. 4 (V, p. 24a) : «(Creatura) in quantum uestigium comparatur ad Deum ut ad principium, in quantum imago comparatur ad Deum ut ad obiectum, sed in quantum similitudo comparatur ad Deum ut ad donum infusum».

8. *BA* 8, p. 268-269.

10   quasi lucernae lucenti in caliginoso loco ; in quo insinuat
      auctoritatem sermonis prophetici. Et rationem huiusmodi
      subiungit : Non enim uoluntate humana allata est ali-
      quando prophetia, sed spiritu sancto inspirati locuti sunt
      sancti dei homines.

15   Cum hiis igitur duabus uiis contingat deuenire in
      cognitionem fidelem, hoc non potest esse nisi per
      Christum datorem, qui est principium omnis reuelationis
      secundum aduentum sui in mentem et firmamentum omnis
      auctoritatis secundum aduentum sui in carnem.

      3. Venit autem in mentem ut lux reuelatiua omnium
      prophetalium uisionum, secundum illud Danielis, II : Ipse
      reuelat profunda et abscondita et nouit in tenebris
      constituta et lux cum eo est ; lux scilicet diuinae sapientiae
5   quae est Christus, secundum illud Iohannis VIII : Ego sum
      lux mundi ; qui sequitur me non ambulat in tenebris ; et
      XII : Dum lucem habetis, credite in lucem, ut filii lucis
      sitis ; quia, sicut dicitur, Iohannis I : Dedit eis potestatem
      filios dei fieri, hiis qui credunt in nomine eius.

10   Sine hac luce nemo potest sacramenta fidei penetrare ;
      propter quod, Sapientiae IX : Mitte illam, loquitur de
      sapientia, de caelis sanctis tuis et de sede magnitudinis
      tuae, ut mecum sit et mecum laboret, ut sciam quid
      acceptum sit apud te. Quis enim hominum poterit scire
15   consilium dei, aut quis poterit cogitare quid uelit deus ? et

2, 10 lucenti *om. M*   ‖ 11 huiusmodi] huius *Qu Ru*   ‖ 13
inspirati *om. Ru*   ‖ 14 homines] omnes *M*   ‖ 15 igitur hiis *M Qu Ru*
‖ in] ad *M Qu Ru*

3, 5 Christus est *M Qu Ru*   ‖ 10 luce quae Christus est *M Qu
Ru*   ‖ 12 caelo sancto tuo *M Qu*   ‖ a sede ma. t. *M,* a sede maiestatis
tuae *Qu*   ‖ 14 hominum] ho. *M,* homo *Qu*   ‖ poterit] potest *M Qu*   ‖
15 poterit] potest *M Qu*

fait allusion à l'autorité du discours prophétique. Et il en ajoute la raison : «car, dit-il, jamais la prophétie n'a été suscitée par une volonté humaine ; mais c'est sous l'inspiration de l'Esprit saint que les saints hommes de Dieu ont parlé».

Telles étant donc les deux voies qui permettent de parvenir à la connaissance de foi, cela ne peut se faire sans le don du Christ, qui est le principe de toute révélation selon son avènement dans l'esprit et le consolidement de toute autorité selon son avènement dans la chair[9].

3. Or il vient dans l'esprit comme lumière de révélation de toutes les visions des prophètes, selon cette déclaration de *Daniel,* 2, 22 : «C'est lui qui révèle les choses profondes et cachées ; il connaît les choses situées dans les ténèbres, et la lumière est avec lui» : à savoir la Lumière de la Sagesse divine, selon cette phrase de l'*Évangile de Jean,* 8, 12 : «Je suis la Lumière du monde ; qui me suit ne marche pas dans les ténèbres», et cette autre, 12, 36 : «Tant que vous avez la Lumière, croyez en la Lumière, afin d'être des fils de la Lumière» ; car, comme il est dit dans l'*Évangile de Jean,* 1, 12 : «Il leur a accordé le pouvoir de devenir fils de Dieu, à ceux qui croient en son nom».

Sans cette Lumière, personne ne peut pénétrer les mystères de la foi. C'est pourquoi il est écrit dans le livre de la *Sagesse,* 9, 10 et 13-17 : «Envoie-la — il s'agit de la Sagesse — du haut de ton ciel saint et du siège de ta grandeur, afin qu'elle soit avec moi et qu'elle travaille avec moi, pour que je sache ce qui t'est agréable. En effet, quel est l'homme qui peut connaître le dessein de Dieu ? Ou qui peut savoir ce que Dieu veut ? Les pensées des mortels sont hésitantes ; et nos prévisions incertaines ; car le corps qui se corrompt appesantit l'âme et la demeure terrestre alourdit l'intelligence dans ses multiples pensées. Il nous est difficile d'apprécier ce qui est sur terre et c'est avec peine que nous

---

9. NC 7 : *Le Christ Voie et la connaissance de foi,* p. 80-81.

cetera usque ibi : sensum tuum quis sciet nisi tu dederis
sapientiam et miseris spiritum sanctum tuum de altissimis.

Ex quo datur intelligi quod non potest perueniri ad
certam fidei reuelationem, nisi per aduentum Christi in
20 mentem.

4. Venit etiam in carnem ut uerbum approbatiuum
omnium prophetalium locutionum, secundum illud ad
hebraeos I : Multiphariam multisque modis, et cetera
usque : per quem fecit et saecula. Quia enim ipse est sermo
5 patris plenus potestate, secundum illud Ecclesiastae VIII :
Sermo illius potestate plenus est, nec dicere ei quisquam
potest quare ita facit, ipse etiam est sermo plenus ueritate,
immo ipsa ueritas, secundum illud Iohannis XVII :
Sanctifica eos in ueritate, quia sermo tuus ueritas est.
10 Glossa : In ueritate, hoc est : in me qui sum ueritas ; quod
subdendo aperit : sermo tuus ueritas, quod est : ego sum
ueritas ; graece : logos, latine : uerbum.

Quia ergo auctoritas debetur sermoni potestatiuo et
ueridico, et Christus est uerbum patris, et per hoc dei uir-
15 tus et dei sapientia, ideo in ipso fundatur, stabilitur et
summatur omnis auctoritatis stabilitas.

3, 16 sensum tuum etc. *M Qu* , quis sciet... de altissimis om.
M Qu ‖ 18 perueniri] peruenire *O ante corr.*

4, 2 secundum illud *om. M Qu* ‖ 3 Multiph. *O,* Multifarie *M*
Qu ‖ 4 usque...saecula *om. M Qu* ‖ 4 ipse] ipse Christus *M Qu Ru*
‖ 6-7 quisquam potest] potest quis *M Qu Ru* ‖ 7 facit] fa. *M,* facis
Qu Ru ‖ 7 etiam] enim *M* ‖ 9 quia *om. M Qu* ‖ 11 sermo tuus
ueritas est *M Qu Ru* ‖ 13 auctoritas] ueritas *O* ‖ 15 dei *om. M Qu*
‖ fundatur et *M Qu Ru* ‖ 16 consummatur *M Qu Ru*

trouvons ce qui est à notre portée. Mais ce qui est aux cieux, qui le scrutera ? Ta pensée, qui la saura, si tu ne donnes la Sagesse et n'envoies ton Esprit saint des hauteurs du ciel ?»

Tout cela permet de comprendre qu'on ne peut parvenir à la révélation certaine de la foi autrement que par l'avènement du Christ dans l'esprit.

4. Il vient aussi dans la chair, comme Parole d'approbation de toutes les déclarations des prophètes. À preuve la *Lettre aux Hébreux,* 1, 1 : «Bien des fois et de bien des manières, Dieu a parlé jadis aux pères par les prophètes, dernièrement, de nos jours, il nous a parlé par le Fils qu'il a établi l'héritier de l'univers, par qui il a fait aussi les siècles». En effet, puisque le Christ lui-même est le Discours[10] du Père plein de puissance, selon cette phrase de l'*Ecclésiaste,* 8, 4 : «Son Discours est plein de puissance, et personne ne peut lui demander pourquoi il agit de la sorte », il est aussi le Discours plein de vérité ou plutôt la Vérité elle-même, selon cette phrase de l'*Évangile de Jean,* 17, 17 : «Sanctifie-les dans la Vérité ; car ton Discours est la Vérité». La *Glose* note : «Dans la Vérité, c'est-à-dire : en moi qui suis la Vérité» ; ce qu'elle explique en ajoutant : «Ton Discours est Vérité, c'est-à-dire : je suis la Vérité ; en grec *Logos,* en latin *Verbum*»[11].

Donc, puisque l'autorité revient au Discours doté de puissance et de vérité, et puisque le Christ est la Parole du Père, et partant la Puissance et la Sagesse de Dieu[12], c'est bien en lui qu'est fondée, affermie et accomplie la fermeté de toute autorité.

---

10. Je me suis résolu à rendre *Sermo* par *Discours,* pour réserver *Parole* à la traduction de *Verbum.*

11. Glossa ordinaria, *Biblia sacra cum Glossa interlineari, ordinaria et Nicolai Lyrani postilla,* éd. de Venise, 1588, tome V, p. 235r ; NC 4 : *Le texte biblique et la Glose,* p. 76-77.

12. Cf. *1 Cor.* 1, 24.

5. Et ideo tota scriptura autentica et eius praedicatores aspectum habent ad Christum uenientem in carnem,
tanquam ad fundamentum totius fidei christianae,
secundum illud I ad corinthios III : secundum gratiam quae
5 data est mihi, ut sapiens architectus fundamentum posui.
Fundamentum enim aliud nemo potest ponere, praeter id
quod positum est, quod est Christus Ihesus. Ipse namque
est fundamentum totius doctrinae autenticae, siue apostolicae, siue propheticae, secundum utramque legem,
10 nouam scilicet et ueterem. Propter quod, ad ephesios II :
superaedificati estis super fundamentum apostolorum et
prophetarum, ipso summo angulari lapide Christo Ihesu.

Patet ergo Christum esse magistrum cognitionis
secundum fidem, et hoc in quantum est uia, secundum
15 duplicem aduentum ipsius, in mentem uidelicet et carnem.

6. Est etiam magister cognitionis quae est per rationem, et hoc in quantum est ueritas. Ad cognitionem enim
scientialem necessario requiritur ueritas immutabilis ex
parte scibilis et certitudo infallibilis ex parte scientis.
5 Omne enim quod scitur necessarium est in se et certum est
ipsi scienti. Tunc enim scimus, cum causam rei arbitramur cognoscere propter quam res est, et scimus quoniam

---

5, 6 praeter id quod positum est *om. O* ‖ 7 quod est Christus
Ihesus] etc. *M Qu Ru* ‖ namque] enim *M Qu Ru* ‖ 10 scilicet *om.*
M Qu ‖ 13 ergo] igitur *M Qu Ru* ‖ 15 et in carnem *M Qu Ru*

6, 6 rei *om. M Qu* ‖ 7 et scimus quoniam impossibile est aliter
se habere *M Qu,* et scimus quoniam ipsius causa impossibile est
aliter se habere *Ru*

5. Et de ce fait l'Écriture autorisée[13] en sa totalité, ainsi que ses prédicateurs, sont en rapport avec le Christ qui vient dans la chair, comme avec le fondement de la foi chrétienne en sa totalité, selon cette déclaration de la *Première lettre aux Corinthiens,* 3, 10-11 : «Selon la grâce qui m'a été donnée, comme un sage architecte j'ai posé le fondement. En effet, personne ne peut poser d'autre fondement que celui qui a été posé, le Christ Jésus». En effet, c'est lui le fondement de la doctrine autorisée en sa totalité, celle des apôtres, comme celle des prophètes, selon les deux Lois : la nouvelle et l'ancienne. C'est pourquoi il est écrit dans la *Lettre aux Éphésiens,* 2, 20 : «Vous avez été bâtis sur le fondement des apôtres et des prophètes, la pierre angulaire suprême étant le Christ Jésus».

Il est donc clair que le Christ est le Maître de la connaissance qui s'acquiert par la foi ; et cela, en tant qu'il est la Voie, selon ses deux avènements : dans l'esprit et dans la chair.

LE CHRIST VÉRITÉ

6. Il est aussi le Maître de la connaissance qui s'acquiert par la raison ; et cela, en tant qu'il est la Vérité. En effet, pour la connaissance scientiale[14], sont nécessairement requises la vérité immuable de la part de l'objet de la science et la certitude infaillible de la part du sujet de la science. En effet, tout ce qui est de science est nécessaire en soi et certain pour le sujet de science. Nous avons, en effet, la science, lorsque nous estimons connaître la cause qui fait qu'une

---

13. «Authentica» : qui fait autorité, authentifiée ou certifiée ; voir la NC 7 : *Le Christ Voie et la connaissance de foi,* p. 80-81.

14. Je me permets de proposer ce néologisme, pour attirer l'attention sur le fait qu'il s'agit ici de la *scientia* au sens aristotélicien. Voir la NC 9 : *La définition aristotélicienne de la science,* p. 83-84.

ipsius causa, et quoniam ipsius est impossibile aliter se
habere.

7. Requiritur igitur ex parte scibilis ueritas immutabilis. Huiusmodi autem non est ueritas creata simpliciter
et absolute, quia omne creatum uertibile et mutabile, sed
ueritas creans quae plenam habet immutabilitatem.
5   Propter quod in Psalmo : Et tu in principio, domine,
terram fundasti, et cetera usque : non deficient. Hoc
autem, ut dicit apostolus, ad hebraeos I, dicitur ad filium
dei qui est uerbum, ars et ratio omnipotentis dei, et ideo
ueritas sempiterna, secundum illud Psalmi : In aeternum,
10 domine, permanet uerbum tuum et in saeculum saeculi
ueritas tua.

Cum ergo res habeant esse in suo genere, habeant
etiam esse in mente, habeant et esse in aeterna ratione, nec
esse earum sit immutabile primo et secundo modo, sed
15 tantum tertio, uidelicet prout sunt in uerbo aeterno, restat
quod nichil potest facere res perfecte scibiles, nisi adsit
Christus filius dei et magister.

8. Vnde Augustinus, II libro de libero arbitrio : Nullo modo negaueris esse incommutabilem ueritatem, haec

---

7, 5 dicitur in Psalmo *Qu Ru* ‖ 6 et cetera usque] usque ibi *M*
Qu Ru ‖ 12 ergo] igitur *M Qu Ru* ‖ in suo genere] in proprio
genere *M Qu Ru* ‖ 13 esse et *M Qu Ru* ‖ 14 omnino immutabile *M*
Qu Ru ‖ 17 dei filius *M Qu Ru*

8, 1 libro *om. M Qu Ru*

chose existe et que nous savons que c'en est la cause et qu'il est impossible qu'il en soit autrement[15].

7. L'objet de la science requiert donc la vérité immuable. Or la vérité créée n'est pas, simplement et absolument, de cette sorte ; car toute chose créée est sujette à la variation et au changement. Mais c'est la Vérité créante qui a l'immutabilité plénière. C'est pourquoi il est dit dans le *Psaume* 101, 26-28 : « Et toi, Seigneur, dans le principe tu as fondé la terre, et les cieux sont l'ouvrage de tes mains ; eux périront, mais toi tu demeures ; tous vieilliront comme un vêtement ; et comme un habit tu les changeras et ils seront changés. Mais toi tu es le même et tes années ne défailliront pas». Or cela, comme le dit l'Apôtre dans la *Lettre aux Hébreux,* 1, 10, s'adresse au Fils de Dieu qui est la Parole, l'Art et la Raison[16] de Dieu tout-puissant et, de ce fait, la Vérité éternelle, selon cette déclaration du *Psaume* 118, 19 : «Ta Parole, Seigneur, demeure pour l'éternité et ta Vérité pour le siècle du siècle».

Puis donc que les choses ont l'être dans leur genre propre, qu'elles ont aussi l'être dans l'esprit et qu'elles ont encore l'être dans la Raison éternelle, et puisque leur être n'est parfaitement immuable ni selon le premier mode, ni selon le deuxième, mais seulement selon le troisième[17], à savoir en tant qu'elles sont dans la Parole éternelle, il reste que rien ne peut rendre les choses parfaits objets de science, si ce n'est la présence du Christ, Fils de Dieu et Maître.

8. C'est pourquoi Augustin écrit dans le livre II *Sur le libre arbitre,* 12, 33 : «Tu ne saurais, en aucune façon, nier

---

15. Cette phrase est empruntée à Aristote, *Analytica posteriora,* I, 2, 71b ; NC 9, p. 83-84.

16. NC 10 : *Verbum, Ars, Ratio,* p. 84-85 ; NC 23 : *Ratio cognoscendi,* p. 103-108.

17. NC 11 : *Les trois modes d'existence des choses,* p. 86-87.

omnia quae immutabiliter uera sunt continentem, quam
non possis dicere tuam uel meam uel cuiusquam hominis,
5   sed omnibus uera incommutabilia cernentibus praesto esse
ac se praebere communiter.

Hoc ipsum habetur XIIII de trinitate : Cum impii
uideant regulas secundum quas quisque uiuere debeat, ubi
eas uident ? Neque enim in sua natura, cum procul dubio
10   mente ista uideantur, eorumque mentes constet esse mutabiles, has uero regulas immutabiles uideat quisque in eis et
hoc uidere potuerit ; nec in habitu suae mentis, cum illae
regulae sint iustitiae, ubi quid sit iustum etiam iniustus
agnoscit et cernit habendum esse quod ipse non habet. Vbi
15   ergo scriptae sunt nisi in libro lucis illius, qui ueritas
dicitur, unde lex iusta describitur et in cor hominis iusti-
tia, non migrando, sed tanquam imprimando, transfertur?

Hoc ipsum dicitur in libro de uera religione et in sexto
musicae et in libro retractationum.

9. Requiritur autem secundo ad huiusmodi cognitionem certitudo ex parte scientis. Hoc autem ex parte ea
non potest esse quae potest falli uel ex ea luce quae potest
obscurari. Talis autem lux non est lux intelligentiae
5   creatae, sed sapientiae increatae quae Christus est.

8, 3 incommutabiliter *M Qu Ru* ‖ uera *bis in M* ‖ 4 possis]
possem *M*, possum *Qu* ‖ 5 incommutabilia uera *M Qu Ru* ‖ 7
XIIII] XIII *O*, XIIII de trinitate, capitulo xiii *M* ‖ 11 quisque]
quisquis *Qu Ru* ‖ 13 iustitiae] mentes uero eorum constat esse
iniustas. Ubinam sunt istae regulae scriptae *ex Augustino add. Qu* ‖
15 qui] quae *M Qu Ru* ‖ 16 omnis lex *M Qu Ru* ‖ 17 imprimendo
M Qu Ru ‖ 19 de musica *Qu Ru*

9, 1 autem] etiam *M Qu Ru* ‖ 2 Hoc *O M*, Haec *Qu Ru* ‖ 2-3
non potest esse ex ea parte *M Qu Ru*

l'existence de la Vérité immuable qui contient tout cela qui est immuablement vrai ; et tu ne pourrais dire qu'elle est à toi, à moi ou à quiconque ; mais elle se présente et s'offre en commun à tous ceux qui voient les vérités immuables»[18].

La même affirmation se trouve au livre XIV *Sur la Trinité*, 15, 21 : «Puisque les impies voient les règles selon lesquelles chacun doit vivre, où les voient-ils ? Ce n'est pas dans leur nature, puisque sans aucun doute semblables choses sont vues par l'esprit, et qu'il est évident que leur esprit est muable, tandis qu'il voit ces règles immuables, quiconque a pu voir en elles et voir cela. Ce n'est pas davantage dans la disposition de leur esprit, puisque ces règles sont celles de la justice, par lesquelles l'injuste lui-même reconnaît ce qui est juste et voit qu'il faut avoir ce qu'il n'a pas. Où donc sont-elles écrites, si ce n'est dans le livre de cette Lumière qu'on appelle la Vérité, d'où toute loi juste est transcrite et d'où la justice est transposée dans le cœur de l'homme, non pas par déplacement, mais comme par impression ?»[19].

La même doctrine se trouve encore dans le livre *Sur la vraie religion* et dans le livre VI de *La musique* et dans le livre des *Révisions*[20].

9. Mais cette sorte de connaissance requiert en second lieu la certitude de la part du sujet de la science. Or cela ne peut provenir de la partie qui peut se tromper ou de la lumière qui peut s'obscurcir. Or une telle Lumière n'est pas la lumière de l'intelligence créée, mais celle de la Sagesse incréée qui est le Christ[21].

---

18. *BA* 6³, p. 334-337 ; NC 12 : *Les autorités augustiniennes*, p. 86.

19. *BA* 16, p. 402-403 ; NC 12, p. 86.

20. NC 12, p. 86-87.

21. Cf. *Sermo* 49, 4 (éd. J.-G. Bougerol, p. 468) ; NC 23 : *Ratio intellegendi*, p. 103-108.

Propter quod, Sapientiae VII : Dedit michi deus horum
scientiam ueram quae sunt, ut sciam disponere orbem
terrarum, uirtutes elementorum, initium et consum-
mationem et medium temporum. Et post : Omnium enim
10　artifex docuit me sapientia. Et ratio subscribitur : Vapor
est enim uirtutis dei et emanatio quaedam omnipotentis dei
sincera, et ideo nichil inquinatum incurrit in illam, et
cetera usque : disponit omnia suauiter.

Propter quod dicit Iohannes, I : Erat lux uera quae
15　illuminat omnem hominem uenientem, et cetera ; ubi dicit
Glossa : non est uera lux quae, non ex se, sed aliunde lucet.

10.　Lux uero intellectus creati sibi non sufficit ad
certam comprehensionem cuiusque rei absque luce uerbi
aeterni.

Vnde Augustinus in primo soliloquiorum : Quomodo
5　in hoc sole tria licet quaedam aduertere : quod est, quod
fulget, quod illuminat, ita quoque in illo secretissimo deo
tria quaedam sunt : quod est, quod intelligit et quod cetera
facit intelligi. Vnde et praemittit quod, sicut terra, si non
luce illustrata, uideri non potest, sic quae in disciplinis
10　traduntur, quamuis uerissima esse nulla dubitatione quis-

9, 6 Deus dedit michi *M Qu Ru* ‖ 7 dispo. orbem *O,* dispo. or.
M, dispositionem orbis　*Qu Ru* ‖ 8 et uirtutes *M Qu Ru* ‖ 9
medium] me. *M,* medietatem *Qu Ru* ‖ 10 subscribitur] subditur *M
Qu Ru* ‖ 12 in illam] nullam *legi in O,* in illa *Ru* ‖ inu~. i. *M,*
inuenitur in ea *Qu* ‖ 12-13 et cetera usque] Candor est enim lucis
aeternae et speculum sine macula maiestatis dei. Speciosior est sole
et super omnem stellarum dispositionem, luci comparata inuenitur
prior. Attingit ergo a fine usque ad finem fortiter et disponit omnia
suauiter *M Qu Ru* ‖ 14 dicit] dicebat *M Qu Ru* ‖ 15 uenientem
om. M Qu Ru ‖ 16 Glossa quod *M Qu Ru*

10, 1 uero] ergo *M Qu Ru* ‖ 2 rei cuiuscumque *M Qu Ru* ‖ 5
quaedam licet *M Qu Ru* ‖ 6 quoque] et *M Qu Ru*　‖ 8] et paulo
ante *M Qu Ru* ‖ 8 si non] si non aqua *O ante corr.,* non nisi *M,* nisi
Qu Ru ‖ 10 quamuis intelligi uerissima *M Qu Ru* ‖

C'est pourquoi il est écrit dans la *Sagesse,* 7, 17-18 : «Dieu m'a donné la science véritable des choses qui existent, afin que je sache arranger l'univers terrestre, les puissances des éléments, le commencement, la fin et le milieu des temps» ; et plus bas, 7, 21 : «La Sagesse, artisane de toutes choses, m'a enseigné». Et la raison en est précisée (7, 25 - 8, 1) : «C'est, en effet, le souffle de la force de Dieu et une émanation pure de Dieu tout-puissant ; et, de ce fait, rien d'impur ne se trouve en elle. Elle est la splendeur de la Lumière éternelle et le miroir sans tache de la majesté de Dieu. Elle est plus resplendissante que le soleil et au-dessus de tout l'arrangement des étoiles. Comparée à la lumière elle s'avère supérieure. Elle atteint donc tout d'un bout à l'autre avec force et elle arrange tout avec douceur».

C'est pourquoi Jean dit, 1, 9 : «C'était la Lumière véritable qui illumine tout homme venant en ce monde». À propos de quoi la *Glose* dit que la lumière qui luit, non d'elle-même, mais par ailleurs, n'est pas la Lumière véritable[22].

10. Or la lumière de l'intelligence créée ne se suffit pas pour la connaissance certaine de quoi que ce soit, sans la Lumière de la Parole éternelle.

D'où cette déclaration d'Augustin dans le premier livre des *Soliloques,* 8, 15 : «De même qu'on peut distinguer dans ce soleil-ci trois aspects : qu'il existe, qu'il brille, qu'il illumine, de même aussi en ce Dieu très secret il y a trois aspects : qu'il existe, qu'il comprend et qu'il fait comprendre le reste». C'est pourquoi aussi Augustin déclare plus haut que «la terre, si elle n'est éclairée par la lumière, ne peut être vue ; et pareillement les enseignements des diverses disciplines, bien que chacun concède sans nul doute qu'ils

---

22. Glossa interlinearis, *Biblia sacra cum Glossa interlineari, ordinaria et Nicolai Lyrani postilla,* éd. de Venise, 1588, tome V, p. 187r.

que concedat, credendum est non posse intelligi, nisi ab illo quasi suo sole illustrentur.

Item, de trinitate XII, capitulo ultimo, loquens de puero qui recte respondebat de geometria absque magistro
15 et reprobans platonicam opinionem, qui dicebat animas scientiis prius imbutas infundi corporibus, dicit hoc non esse uerum. Sed potius credendum est, inquit, mentis intellectualis ita conditam esse naturam, ut rebus intelligibilibus naturali ordine disponente conditore subiecta, sic
20 uideat in quadam luce sui generis incorporea, quem ad modum oculus carnis uidet quae in hac corporea luce iacent michi, cuius lucis capax eique congruens est creatus.

Quae autem sit ista lux dicitur in II de libero arbitrio :
25 Illa ueritatis et sapientiae pulchritudo, quae nec peragitur tempore nec migrat locis nec nocte intercipitur nec umbra includitur nec sensibus corporis subiacet, de toto mundo conuersis ad se qui diligunt eam, omnibus proxima est, omnibus sempiterna, nullo loco est, nusquam deest, foris
30 autem monet, intus docet ; nullus de illa iudicat, nullus sine illa bene iudicat. Ac per hoc eam manifestum est mentibus uestris, quae ab ipsa una fiunt singulae sapientes et non de ipsa sed per ipsam de ceteris iudicant, sine dubitatione esse potiorem.

35 Hoc ipsum dicitur in libro de uera religione et in VIII de trinitate et in libro de magistro, ubi hanc conclusionem

---

10, 13 duodecimo *De trinitate Qu Ru* ‖ 15 oppinionem *O,* positionem *M Qu Ru* ‖ 16 dicit *om. O* ‖ 18 ita *om. O* ‖ 19-20 sic ista uideat *M Qu Ru* ‖ 21 oculus] oculis *Qu Ru* ‖ 22 iacent michi] contraiacent *M Qu Ru* ‖ 22 eique congruens] et congruus *M Qu* ‖ 27 intercluditur *M Qu Ru* ‖ 28 conuersis ad te *O,* ad se conuersis *Qu Ru* ‖ 30 autem monet] admonet *M Qu Ru* ‖ 32 uestris] nostris *M Qu Ru*

sont parfaitement vrais, il faut croire qu'on ne pourrait les comprendre, s'ils n'étaient éclairés par Dieu, comme par leur soleil»[23].

Et encore, dans le traité *Sur la Trinité,* livre XII, dernier chapitre (15), 24, parlant de l'enfant qui répondait correctement, sans maître, sur des problèmes de géométrie, et réprouvant la thèse de Platon qui soutenait que les âmes sont instruites des sciences, avant d'être introduites dans les corps, Augustin dit que ce n'est pas vrai. «Mais il faut plutôt croire, dit-il, que la nature de l'esprit intellectuel a été créée de telle sorte qu'elle est soumise aux réalités intelligibles, selon l'ordre naturel arrangé par le Créateur, et qu'elle les voit dans une lumière incorporelle spécifique, de la même manière que l'œil de la chair voit les objets qui sont, pour moi, exposés à cette lumière corporelle, à laquelle il est, par création, adapté et proportionné»[24].

Quant à l'essence de cette Lumière, elle est décrite dans le livre II *Sur le libre arbitre,* 14, 38 : «Cette beauté de la Vérité et de la Sagesse ne passe pas avec le temps, ni ne s'en va dans l'espace ; elle n'est pas interceptée par la nuit, elle n'est pas enveloppée par l'ombre, elle n'est pas soumise aux sens du corps ; pour ceux qui, dans le monde entier, se tournent vers elle et qui l'aiment, pour tous elle est proche, pour tous éternelle ; elle n'est nulle part, elle ne fait défaut nulle part ; elle avertit au-dehors, elle enseigne au-dedans ; personne ne la juge, personne sans elle ne juge bien. Et partant il est évident qu'elle est, sans conteste, supérieure à vos esprits, dont chacun lui doit, à elle seule, sa sagesse et le don de juger, non pas elle, mais par elle tout le reste»[25].

Les mêmes déclarations se trouvent dans le livre *Sur la vraie religion,* dans le livre VIII *Sur la Trinité* et dans le

23. *BA* 5, p. 54-55 ; NC 12, p. 88.
24. *BA* 16, p. 256-259 ; NC 12, p. 88. Sur la *lux sui generis,* voir p. 89-90.
25. *BA* 6³, p. 344-347 ; NC 12, p. 87-90.

probat per totum, quod unus est magister noster Christus.

11.   Est et postremo Christus in quantum uita
magister cognitionis contemplatiuae, circa quam duplex
anima se excercet, secundum duplicem differentiae pastus, uidelicet interioris in diuinitate et exterioris in
5   humanitate, secundum quod duplex est modus contemplandi, uidelicet ingressiuus et egressiuus, ad quem
perueniri non potest nisi per Christum. Propter quod ipse
dicit, Iohannis X : Ego sum ostium ; per me si quis
introierit saluabitur et ingredietur et egredietur et pascua
10   inueniet.

12.   Ingressus namque est ad Christum secundum
quod est uerbum increatum et cibus angelorum, de quo,
Iohannis I : In principio erat uerbum. Et de hoc ingressu
in Psalmo, secundum aliam translationem : Ingrediar in
5   locum tabernaculi admirabilis usque ad domum dei in
uoce exsultationis et confessionis, sonus epulantis. Hoc
dictum est de illa superna Ierusalem, ad quam contem-
plandam nemo ingreditur, nisi per uerbum increatum
quod est Christus introducatur.

_____

10, 37 per totum librum *M Qu Ru*

11, 1 Postremo ... est magister *M Qu* ‖ 2 duplex] dupliciter *M
Qu Ru* ‖ 4 diuinitate] deitate *M Qu* ‖ 5 quod] quam *M Qu Ru* ‖ 6
uidelicet] scilicet *M Qu Ru*

12, 2 est *om. M Qu Ru* ‖ 3 Et *om. M Qu Ru* ‖ 3-4 ingressu
dicitur *M Qu Ru*

livre *Sur le maître* où Augustin prouve, tout au long, que nous avons un seul Maître, le Christ[26].

LE CHRIST VIE

11. Enfin, le Christ en tant que Vie est le Maître de la connaissance contemplative, à l'égard de laquelle l'âme s'exerce de deux manières, selon les deux espèces de pâture : intérieure dans la divinité et extérieure dans l'humanité, auxquels correspondent les deux modes de contemplation, celui de l'entrée et celui de la sortie, modes auxquels on ne peut accéder autrement que par le Christ. C'est pourquoi il dit lui-même dans l'*Évangile de Jean,* 10, 9 : «Je suis la Porte ; si quelqu'un entre par moi, il sera sauvé ; il entrera et sortira et trouvera des pâturages»[27].

12. De fait, il y a entrée vers le Christ en tant qu'il est la Parole incréée et l'aliment des anges[28], lui dont il est dit dans l'*Évangile de Jean,* 1, 1 : «Dans le principe était la Parole». De cette entrée il est dit dans le *Psaume* 41, 5, suivant une traduction différente (de la Vulgate)[29] : «J'entrerai dans le lieu du tabernacle merveilleux jusqu'à la demeure de Dieu, au milieu des cris de liesse, de la louange, des bruits du banquet». Cela est dit de cette Jérusalem d'en haut[30], dans la contemplation de laquelle personne ne peut entrer, s'il n'est introduit par la Parole incréée qui est le Christ.

---

26. Cf. *Matth.* 23, 10 ; NC 12, p. 88..

27. Jésus se présente comme étant la porte de l'«enclos des brebis» (*Ioh.* 10, 1 ss.) Sur les deux sortes de pâture et la distinction de l'entrée et de la sortie, voir § 14, la citation du *De spiritu et anima.*

28. NC 15 : *L'aliment des anges, le lait des petits,* p. 91-92.

29. NC 4 : *Le texte biblique et la Glose,* p. 76-77.

30. Cf. *Apoc.* 21, 2 :«Et je vis la Cité sainte, Jérusalem nouvelle, qui descendait du ciel, de chez Dieu» ; cf. *Apoc.* 21, 10 ; *Hebr.* 12, 22.

10   Vnde Dionysius, de angelica ierarchia : Ergo Ihesum
inuocantes, paternum lumen, quod est quod uerum est,
quod illuminat omnem hominem uenientem in hunc
mundum, per quem ad principale lumen patrem accessum
habemus, in sacratissimorum eloquiorum a patre traditas
15   illuminationes, quantum possibile est, respicimus, et ab
ipsis symbolice nobis et anagogice manifestatas caelestium
animorum ierarchias, quantum potentes sumus, consi-
derabimus, principalem et superprincipalem diuini patris
claritatem immaterialibus et non trementibus mentis
20   oculis respicientes.

   13. Egressus est autem ad uerbum incarnatum quod
est lac paruulorum, de quo, Iohannis I : Verbum caro
factum est, et cetera. De hoc egressu, Cantici III : Egredimini, filiae Sion, et uidete regem Salomonem in
5   diademate, quo coronauit eum mater sua in die despon-
sationis et laetitiae cordis sui. Hoc diadema, quo coronatur
uerus Salomon pacificus a matre sua, est caro immaculata,
quam assumpsit de uirgine, quae dicitur diadema des-
ponsationis, quia per illam sibi desponsauit ecclesiam,
10   quae de latere ipsius formata est, sicut Eua de latere uiri.

   Et ideo per eam tota ecclesiastica ierarchia purgatur,
illuminatur et perficitur ; et ideo aspicienda est tanquam
totius ecclesiae pastus uiuificus, secundum illud Iohannis
VI : Caro mea uere est cibus, et cetera. Et propterea sub-

   12, 10 Dionysius] dixi *O*, Dionysius in primo *M Qu Ru* ‖ 11
quod uerum est] est *om. M*, quidem uerum *Qu Ru* ‖ 15 respiciemus
M Qu Ru ‖ 18 diuini] diuinam *Qu Ru* ‖ 19 immaterialibus *om. O* ‖
et non] et sic *O*

   13, 1 autem est *M Qu Ru* ‖ ad *om. O* ‖ 3 et cetera] et habitauit
in nobis *M Qu Ru* ‖ 5 quo *om. M* ‖ 8 de uirgine Maria *M Qu Ru* ‖
9 sanctam matrem Eclesiam *M Qu* ‖ 10 ipsius] eius *M Qu* ‖ est] fuit
M Qu ‖ 11 per eam *om. O* ‖ ierarchia ecclesiastica *M Qu Ru* ‖ 14 et
cetera] et sanguis meus uere est potus *M Qu Ru*

C'est pourquoi Denys dit dans le premier chapitre *Sur la hiérarchie céleste*, 2 : «Donc, invoquant Jésus, Lumière du Père, qui est bien la Lumière véritable qui illumine tout homme venant en ce monde, par laquelle nous avons accès à la Lumière principielle, au Père, nous regardons, autant qu'il est possible, les illuminations transmises par le Père dans les discours très saints et les hiérarchies célestes qu'elles nous révèlent elles-mêmes de manière symbolique et ana-gogique, nous les considérerons, autant que nous le pourrons, en regardant avec les yeux de l'esprit, immatériels et exempts de tremblement, la clarté divine du Père, princi-pielle et surprincipielle»[31].

13. Quant à la sortie, elle se fait vers la Parole incarnée, qui est le lait des petits[32], et dont il est dit dans l'*Évangile de Jean*, 1, 14 : «La Parole s'est faite chair et a habité parmi nous». De cette sortie, il est dit aussi dans le *Cantique des cantiques,* 3, 11 : «Sortez, filles de Sion, et voyez le roi Salomon, avec le diadème dont sa mère l'a couronné au jour de ses épousailles et de la joie de son cœur». Ce diadème dont le vrai Salomon pacifique est couronné par sa mère, c'est la chair immaculée qu'il a prise de la vierge Marie ; et elle est dite diadème des épousailles, parce que par elle, il a épousé l'Église qui fut formée de son côté, comme Ève du côté de son époux[33].

Et, de ce fait, c'est par elle que toute la hiérarchie ecclé-siastique est purifiée, illuminée et parachevée ; et, de ce fait, il faut la considérer comme la pâture vivifiante de toute l'Église, selon cette phrase de l'*Évangile de Jean,* 6, 55 : «Ma chair est vraiment une nourriture et mon sang est vraiment

---

31. Texte grec et traduction française dans *Sources Chrétiennes,* 58, p. 71 ; NC 14 : *La citation de Denys,* p. 91.

32. Cf. *1 Cor.* 3, 1-2 ; *1 Petr.* 2, 2 ; *Hebr.* 5, 12 ; NC 15 : *L'ali-ment des anges, le lait des petits,* p. 91-92.

33. NC 16 : *Le Christ, vrai Salomon,* p. 92-93.

15 dit : Qui manducat carnem meam et bibit sanguinem
meum habet uitam aeternam.

14. Et hoc est quod dicitur in libro de anima et spiritu : Duplex est uita animae, alia qua uiuit in carne et alia
qua uiuit in Deo. Duo siquidem sensus in homine sunt,
unus interior et unus exterior ; et uterque bonum suum
5 habebit in quo reficitur : sensus interior in contemplatione
diuinitatis, sensus exterior in contemplatione humanitatis.
Propterea enim deus homo factus est, ut totum hominem
in se beatificaret, ut, siue ingrederetur, siue egrederetur,
pascua in factore suo inueniret : pascua foris in carne
10 saluatoris, et pascua intus in diuinitate creatoris.

Hic autem ingressus ad diuinitatem et egressus ad
humanitatem nichil aliud est quam ascensus in caelum et
descensus ad terram, qui fit per Christum, tanquam per
scalam de qua, Geneseos XXVIII : Vidit in somnis Iacob
15 scalam, et cetera. Scala Christus, ascensus et descensus
angelorum per scalam est illuminatio contemplatiuorum.

Hic etiam dicitur duplex modus contemplationis et
intelligentiae per lectionem interiorem et exteriorem libri
scripti intus et foris, Apocalypseos V : Vidi, inquit
20 Iohannes, in dextera sedentis in throno librum scriptum
intus et foris, signatum sigillis VII. Et subditur ibi quod

13, 15 meam carnem, meum sanguinem *M Qu Ru*

14, 3 sunt in homine sensus *M Qu Ru* ‖ 5 habet *M Qu Ru* ‖ 6
diuinitatis] deitatis *M Qu* ‖ 7 factus est homo *M Qu Ru* ‖ 11 Hic]
hoc *M* ‖ 12 in] ad *M Qu Ru* ‖ 14 Iacob in somnis *M Qu Ru* ‖ 15
et cetera] stantem super terram, et cacumen eius tangens caelum,
angelos quoque ascendentes et descendentes et cetera *M Qu Ru* (et
cetera] per eam *Qu Ru*) ‖ 15-16 Scala Christus...] Per scalam
intelligitur Christus, per ascensum et descensum angelorum
intelligitur illuminatio uirorum contemplatiuorum ascendentium et
descendentium *M Qu Ru* (2. intelligitur *om. Qu*) ‖ 17 dicitur *om.*
M Qu Ru ‖ 17-18 et intelligentiae] intelligitur *M Qu Ru* ‖ 19-20
inquit Iohannes *om. M Qu*

un breuvage». Et c'est pourquoi il ajoute, 6, 54 : «Qui mange ma chair et boit mon sang a la vie éternelle».

14. Et c'est ce qui est dit dans le livre *De l'âme et de l'esprit,* 9 : «La vie de l'âme est double, l'une par laquelle elle vit dans la chair, l'autre par laquelle elle vit en Dieu. Il y a, en effet, deux sens dans l'homme[34], l'un intérieur et l'autre extérieur ; et chacun a son bien propre, dans lequel il refait ses forces : le sens intérieur dans la contemplation de la divinité, le sens extérieur dans la contemplation de l'humanité. En effet, Dieu s'est fait homme afin de rendre heureux en lui l'homme tout entier, de sorte que, soit qu'il entrât, soit qu'il sortît, il trouvât pâturage en son Créateur, pâturage au-dehors dans la chair du Sauveur, pâturage au-dedans dans la divinité du Créateur»[35].

Or cette entrée vers la divinité et cette sortie vers l'humanité ne sont rien d'autre que la montée au ciel et la descente à terre qui se font par le Christ, comme par l'échelle dont il est dit dans la *Genèse,* 28, 12 : «Jacob vit en songe une échelle dressée sur la terre ; et son sommet touchait le ciel ; et des anges montaient et descendaient par elle». L'échelle est le Christ[36] ; la montée et la descente des anges sont l'illumination des hommes de contemplation.

Ces deux modes de contemplation et d'intelligence sont aussi signifiés par les lectures intérieure et extérieure du livre[37] qui est écrit au-dedans et au-dehors et dont il est dit dans l'*Apocalypse,* 5, 1, 3 et 5 : «Je vis, dit Jean, dans la main droite de celui qui était assis sur le trône, un livre écrit au-dedans et au-dehors, scellé de sept sceaux»[38]. Et il est ajouté là que «personne, au ciel ou sur terre ou sous terre, ne

---

34. NC 30 : *Medullae cordis,* p. 119-120.

35. *PL* 40, 785 ; NC 17 : *Le De spiritu et anima,* p. 93-94.

36. NC 18 : *Le Christ comme échelle,* p. 94-95.

37. NC 19 : *Le Christ comme livre,* p. 96-97.

38. «Un livre roulé, écrit au recto et au verso», selon la traduction de la *Bible de Jérusalem.*

nemo poterat neque in caelo neque in terra neque subtus terram aperire librum neque aspicere illum. Et subditur ibi quod leo de tribu Iuda uicit, qui dignus est aperire
25 librum et soluere signacula eius.

Si ergo ille proprie dicendus est doctor qui librum aperit et eius signa soluit, et talis est solus Christus, qui fuit leo resurgens et agnus occisus, apparet quod magister noster unus est Christus, in omni cognitionis differentia,
30 secundum quod est uia, ueritas et uita.

15. Ex praedictis igitur patet quo ordine et quo auctore perueniatur ad sapientiam.

Ordo enim est ut inchoetur a stabilitate fidei et procedatur per serenitatem rationis, ut perueniatur ad suaui-
5 tatem contemplationis ; quod insinuauit Christus, cum dixit : Ego sum uia, ueritas et uita. Et sic impletur illud Prouerbiorum IIII : Iustorum semita quasi lux splendens procedit et crescit usque ad perfectum diem.

Hunc ordinem tenuerunt sancti, attendentes illud Isaiae
10 VII, secundum translationem aliam : Nisi credideritis, non

---

14, 23 neque aspicere] et neque respicere *M Qu,* neque respicere *Ru* ‖ 25 soluere septem signacula *M Qu Ru* ‖ 27 signa] signacula *M Qu Ru* ‖ solus *om. M Qu* ‖ 28 apparet ergo *M Qu Ru*

15, 1 igitur patet] ergo apparet *M Qu Ru* ‖ 2 peruenitur *M Qu Ru* ‖ 5 quod] quem *M Qu Ru* ‖ 10 VII *om. Qu* ‖ 10 aliam translationem *M Qu Ru*

pouvait ouvrir le livre ni même le regarder». Et il est ajouté encore que «le lion de la tribu de Juda a vaincu, lui qui est digne d'ouvrir le livre et d'en desceller les signets».

Si donc il sied d'appeler proprement Docteur celui qui ouvre le livre et qui en descelle les signets, et si tel est le Christ seul, qui fut le Lion ressuscitant et l'Agneau mis à mort[39], il apparaît bien que nous n'avons qu'un seul Maître, le Christ[40], dans les diverses espèces de la connaissance, en tant qu'il est la Voie, la Vérité et la Vie[41].

L'ACCÈS À LA SAGESSE

15. De ce qui vient d'être dit, il apparaît donc suivant quel ordre et par quel agent on parvient à la sagesse.

En effet, l'ordre consiste à commencer par la solidité de la foi, à progresser par la sérénité de la raison, pour parvenir à la suavité de la contemplation[42]. C'est ce que le Christ a indiqué, quand il a dit : «Je suis la Voie, la Vérité et la Vie»[43]. Et c'est ainsi que s'accomplit cette déclaration des *Proverbes,* 4, 18 : «Le sentier des justes s'avance comme une lumière et croît jusqu'au jour parfait».

Cet ordre, les saints[44] l'ont suivi, attentifs à ce mot d'*Isaïe,* 7, 9, selon la traduction des Septante[45] : «Si vous ne

---

39. Cf. *Apoc.* 5, 6 et 9. Agneau dans sa passion, le Christ est Lion dans sa résurrection ; *Comm. in euang. Iohannis,* 1, 73 (VI, p. 262a) ; *Comm. in euang. Lucae* 24, 58 (VII,601b) : «Vnde in Apocalypsi dicitur quod leo resuscitatus et agnus occisus aperuit librum».

40. Cf. *Matth.* 23, 10.

41. Cf. *Ioh.* 14, 6 ; ci-dessus, § 1.

42. Reprise du thème emprunté au *De sacramentis* de Hugues de Saint-Victor ; voir ci-dessus, § 1.

43. *Ioh.* 14, 6 ; cf. § 1.

44. Les Pères de l'Église.

45. NC 4 : *Le texte biblique et la Glose,* p. 76-77 ; NC 20 : *La foi et l'intelligence,* p. 97-98.

intelligetis. Hunc ordinem ignorauerunt philosophi qui,
negligentes fidem et totaliter se fundantes in ratione, nullo
modo peruenire potuerunt ad contemplationem, quia,
sicut dicit Augustinus in I de trinitate : mentis humanae
15 acies inualida in tam excellenti luce non figitur, nisi per
iustitiam fidei emundetur.

16. Patet etiam quod sit doctor et auctor, quia Christus, qui est director, adiutor nostrae intelligentiae, non
solum generaliter sicut in omnibus operibus naturae, nec
ita specialiter sicut in operibus gratiae et uirtutis
5 meritoriae, sed quodam medio modo inter utrumque.

Ad cuius intelligentiam notandum quod in creaturis
reperitur triplex modus conformitatis ad deum. Quaedam
conformantur deo sicut uestigium, quaedam sicut imago,
quaedam sicut similitudo. Vestigium namque dicit com-
10 parationem ad deum sicut ad principium causatiuum ;
imago uero dicit comparationem ad deum, non solum
sicut ad principium, uerum etiam sicut ad obiectum motiuum ; eo enim est anima imago dei, ut dicit Augustinus
in libro de trinitate, quod capax eius est et particeps esse
15 potest, per cognitionem uidelicet et amorem. Similitudo
uero respicit deum, non tantum per modum principii et
obiecti, sed etiam per modum doni infusi.

15, 12 se *om. O* ‖ 15 inualida acies *M Qu Ru*

16, 1 quod] quis *M Qu Ru* ‖ actor et doctor *M,* auctor et
doctor *Qu* ‖ 2 director et *M Qu Ru* ‖ 5 modo medio *M Qu Ru* ‖ 7
Quaedam enim *M Qu Ru* ‖ 9 namque] autem *M Qu* ‖ 11 uero]
autem *M Qu Ru* ‖ dicit comparationem ad deum *om. M Qu* ‖ 12
uerum] sed *M Qu* ‖ 14 in libro *om. M Qu Ru* ‖ decimo quarto de
trinitate *Qu Ru* ‖ 15 scilicet per cognitionem *M Qu* ‖ 16 uero]
autem *M Qu Ru* ‖ 17 sed] uerum *M Qu Ru*

croyez pas, vous ne comprendrez pas». Cet ordre, les philosophes l'ont ignoré[46] ; négligeant la foi et prenant appui exclusivement sur la raison, ils n'ont nullement pu parvenir à la contemplation ; car, comme le dit Augustin dans le livre I *Sur la Trinité*, 2, 4 : «Le regard infirme de l'esprit humain ne peut se fixer sur une Lumière aussi intense, à moins qu'il ne soit purifié par la justice de la foi»[47].

16. L'évidence se fait aussi sur la personne du docteur et de l'auteur : c'est le Christ, qui est le guide, l'aide de notre intelligence, non seulement de manière générale comme en toutes actions naturelles, ni de manière aussi spéciale que dans les actions de la grâce et du pouvoir méritoire, mais d'une certaine manière intermédiaire[48].

Pour comprendre ce point, il faut noter qu'on trouve dans les créatures trois sortes de conformité à Dieu. Certaines se conforment à Dieu comme des vestiges, certaines comme des images, certaines comme des similitudes[49].

Le vestige, en effet, exprime un rapport à Dieu comme au principe causatif ; l'image, elle, se rapporte à Dieu, non seulement comme au principe, mais aussi comme à l'objet moteur[50] ; en effet, «l'âme est image de Dieu, comme dit Augustin, *Sur la Trinité*, XIV, 8, 11, en tant qu'elle est capable de lui et qu'elle peut être participante»[51], à savoir par la connaissance et l'amour[52]. Quant à la similitude, elle a rapport à Dieu, non seulement comme au principe et à l'objet, mais aussi par mode de don infus.

---

46. NC 21 : *Sancti - philosophi,* p. 98-99.

47. *BA* 15, p. 94-95 : «Humanae mentis acies inualida in tam excellenti luce non figitur, nisi per iustitiam fidei nutrita uegetur».

48. Entre le règne de la nature et le règne de la grâce, il y a celui de l'esprit ; NC 22, *Vestige, image, similitude,* p. 99-103.

49. NC 22, p. 99-103.

50. NC 23 : *Ratio intelligendi,* p. 105-108.

51. *BA* 16, p. 374-375 ; NC 22, p. 101.

52. NC 22, p. 102.

17. In illis ergo operationibus creaturae quae sunt
ipsius, in quantum est uestigium, sicut sunt istae operationes naturales, cooperatur deus sicut principium et
causa. In hiis autem quae sunt ipsius, in quantum est
5   imago, sicut sunt actiones intellectuales in quibus anima
percipit ipsam ueritatem incommutabilem, cooperatur
sicut obiectum et ratio motiua. In hiis uero quae sunt
ipsius, in quantum est similitudo, sicut sunt operationes
meritoriae, cooperatur sicut donum infusum per gratiam.
10 Et propter hoc dicit Augustinus, VIII de ciuitate dei, quod
deus est causa essendi et ratio intelligendi et ordo uiuendi.

18. Quod autem dicitur ratio intelligendi sane intelligendum est, non quia sit ratio intelligendi sola nec nuda
nec tota.

Si enim esset ratio sola, non differret cognitio scien-
5   tiae a cognitione sapientiae, nec cognitio in uerbo a cognitione in proprio genere. Rursus, si esset nuda et aperta,
non differret cognitio uiae a cognitione patriae ; quod
quidem falsum est, cum illa sit facie ad faciem, haec per
speculum in aenigmate, quod nostrum intelligere secun-
10 dum statum uiae non est sine phantasmate. Postremo, si

17, 1 operationibus] comparationibus *O* ‖ 2-3 operationes]
comparationes *O*, uniuersaliter operationes *M Qu Ru* ‖ 4 in *om. M*
Qu Ru ‖ 6 immutabilem *M Qu Ru* ‖ 10 *1.* et *om. M Qu Ru*

18, 1 dicatur *M Qu Ru* ‖ 2 intelligendi ratio *M Qu Ru* ‖ 6 si
esset ratio *M Qu Ru* ‖ 8 haec autem *M Qu Ru* ‖ 9 et in *M Qu* ‖
quod] quia *M Qu Ru*

17. Donc, pour les opérations de la créature qui sont siennes en tant qu'elle est vestige, comme le sont de façon générale les opérations naturelles, Dieu y coopère comme principe et cause. Pour celles qui sont siennes en tant qu'elle est image, comme sont les actions intellectuelles par lesquelles l'âme perçoit la Vérité immuable elle-même, Dieu y coopère comme objet et raison motrice. Pour celles qui sont siennes en tant qu'elle est similitude, comme sont les opérations méritoires, Dieu y coopère comme don infus par la grâce. Et c'est pourquoi Augustin dit dans le livre VIII de *La cité de Dieu,* 4, que «Dieu est la Cause de l'être et la Raison de l'intelligence et l'Ordre de la vie»[53].

18. Raison de l'intelligence[54], cela ne doit assurément pas s'entendre au sens où Dieu le serait uniquement, purement et totalement.

En effet, si Dieu était la Raison unique de l'intelligence, la connaissance de science ne différerait pas de la connaissance de sagesse, ni la connaissance dans le genre propre de la connaissance dans la Parole[55]. Derechef, s'il était la Raison pure et simple, la connaissance dans la Voie ne différerait pas de la connaissance dans la Patrie[56] ; ce qui est assurément faux, puisque la seconde se fait dans le face à face, et la première, elle, dans un miroir, en énigme[57], puisque notre activité d'intelligence, selon la condition de la Voie, ne se fait

---

53. *BA* 34, p. 244-245 : «Causa subsistendi et ratio intellegendi et ordo uiuendi».

54. La norme ou le principe illuminateur ; NC 23 : *Ratio intellegendi,* p. 103-108.

55. NC 26 : *Sagesse et science,* p. 112-115 ; NC 11 : *Les trois modes d'existence des choses,* p. 86-87.

56. La Voie est la condition présente de l'humanité ; la Patrie celle de la vie éternelle et de la vision béatifique. Cf. note suivante.

57. Cf. *1 Cor.* 13, 12 : «Car nous voyons, à présent, dans un miroir, en énigme, mais alors ce sera face à face».

esset ratio tota, non indigeremus specie et receptione ad
cognoscendas res ; quod manifeste uidemus esse falsum,
quia, amittentes unum sensum, necesse habemus amittere
unam scientiam.

15   Vnde, licet anima secundum Augustinum annexa sit
legibus aeternis, quia aliquo modo lumen illud attingit
secundum supremam aciem intellectus agentis et superiorem portionem rationis, indubitanter tamen uerum est,
secundum quod dicit philosophus, cognitionem generari
20   in nobis uia sensus, memoriae et experientiae, ex quibus
colligitur uniuersale in nobis, quod est principium artis et
scientiae.

Vnde, quia Plato totam cognitionem certitudinalem
conuertit ad mundum intelligibilem siue idealem, ideo
25 merito reprehensus fuit ab Aristotele ; non quia male
diceret ideas esse et aeternas rationes, cum in hoc eum
laudet doctor maximus Augustinus ; sed quia, despecto
mundo sensibili, totam certitudinem cognitionis reducere

18, 15 connexa *M Qu Ru*   ‖ 16 illud lumen *M Qu Ru*   ‖ 26
rationes aeternas *M Qu Ru*   ‖ cum eum in hoc *Qu*, eum *om. M* ‖ 27
doctor maximus *om. M Qu Ru* ‖

pas sans représentation imagée[58]. Enfin, s'il était la Raison totale de l'intelligence, nous n'aurions pas besoin des espèces et de leur réception pour connaître les choses[59] ; or nous voyons manifestement que c'est faux, puisque, si nous retranchons un sens, nous devons nécessairement retrancher une science[60].

Aussi, bien que l'âme, selon Augustin, soit reliée aux lois éternelles[61], parce qu'elle atteint d'une certaine manière cette Lumière par le regard suprême de l'intellect agent[62] et la partie supérieure de la raison[63], il est néanmoins indubitablement vrai, selon ce que dit le Philosophe, que la connaissance est engendrée en nous par l'intermédiaire du sens, de la mémoire et de l'expérience, moyens par lesquels nous rassemblons en nous l'universel qui est le principe de l'art et de la science[64].

Aussi Platon, qui ramène toute la connaissance certitudinale au monde intelligible, a-t-il été justement critiqué par Aristote ; non pas qu'il eût tort d'affirmer l'existence des idées et des raisons éternelles, puisque Augustin, le plus grand des docteurs[65], l'en félicite[66], mais parce que, négligeant le monde sensible, il a voulu réduire à ces idées

---

58. *Phantasma* : voir NC 24 : *La genèse de la connaissance selon Aristote*, p. 108-109.

59. NC 24, p. 108-109.

60. Formule d'ARISTOTE, *Analytica posteriora*, I, 18 (81a) ; NC 24, p. 108-109.

61. Cf. *De libero arbitrio*, III, 5, 13 (*BA* 6³, p. 408-409) : «Humana quippe anima naturaliter diuinis ex quibus pendet conexa rationibus ...».

62. Cf. ARISTOTE, *De anima*, III, 5 (430a) ; voir É. GILSON, *La philosophie de saint Bonaventure*, p. 292-296.

63. Cf. AUGUSTIN, *De Trinitate*, XII, 3, 3 (*BA* 16, p. 214-217) ; NC 26 : *Sagesse et science*, p. 112-115.

64. ARISTOTE, *Analytica posteriora*, II, 19 (100a) ; NC 24 : *La genèse de la connaissance selon Aristote*, p. 108-109.

65. Cf. *De scientia Christi*, q. 4 (V, p. 23a) : «de tanto patre et doctore maxime authentico inter omnes expositores sacrae Scripturae» (voir trad. Éd.-H. WÉBER, p. 102).

66. NC 25 : *Platon et Aristote*, p. 109-112.

uoluit ad illas ideas ; et hoc ponendo, licet uideretur stabi-
30   lire uiam sapientiae quae procedit secundum aeternas
rationes, destruebat uiam scientiae quae procedit secundum rationes creatas ; quam uiam e contrario Aristoteles
stabiliebat, illa superiori neglecta.

Et ideo uidetur quod inter philosophos datus sit Pla-
35   toni sermo sapientiae, Aristoteli uero sermo scientiae. Ille
enim principaliter aspiciebat ad superiora, hic uero principaliter ad inferiora.

19. Vterque autem sermo, uidelicet sapientiae et
scientiae, per spiritum sanctum datus est Augustino, tanquam praecipuo expositori totius scripturae, satis excellenter, sicut ex scriptis eius apparet.

5   Excellentiori uero modo fuit in Paulo et Moyse, in uno
tanquam in ministro legis figurae, in altero uero sicut in
ministro legis gratiae. De Moyse namque dicitur, Actuum
VII, quod fuit uir eruditus omni sapientia aegyptiorum ; et
rursus in monte dictum est ei : Inspice et fac secundum
10   exemplar quod tibi in monte monstratum est. De Paulo
uero, sicut ipsemet dicit quod, cum inter simplices non

18, 31 destruebat tamen *M Qu Ru* ‖ 32-33 Aristoteles e
contrario *M Qu Ru*

19, 1 scilicet *M Qu Ru* ‖ 6-7 figurae... legis *om. O* ‖ 8 uir
om. M Qu Ru

toute la certitude de la connaissance ; et, ce faisant, bien qu'il parût établir la méthode de la sagesse qui procède selon les raisons éternelles, il détruisait toutefois la méthode de la science qui procède selon les raisons créées ; méthode qu'Aristote, au contraire, établissait, en négligeant l'autre qui est supérieure.

Et de ce fait il semble que, parmi les philosophes, le discours de la sagesse ait été donné à Platon et le discours de la science à Aristote[67]. Le premier, en effet, regardait principalement les réalités supérieures ; le second, en revanche, principalement les réalités inférieures.

19. Mais les deux discours de sagesse et de science ont été donnés par l'Esprit saint à Augustin, en tant que commentateur principal de l'Écriture[68] toute entière, en grande excellence[69], comme le montrent ses écrits.

Toutefois ils se trouvèrent en plus grande excellence chez Paul et Moïse : chez celui-ci comme serviteur de la Loi qui était figure, chez l'autre comme serviteur de la Loi qui est grâce[70]. De fait, il est dit de Moïse dans les *Actes des apôtres,* 7, 22, qu'«il fut instruit dans toute la sagesse des égyptiens» ; et, derechef, il lui fut dit sur la montagne : «Regarde et agis selon l'exemplaire qui t'a été montré sur la montagne» [71]. Quant à Paul, comme il le dit lui-même, bien que, parmi les simples, il se présentât comme ne connaissant

---

67. Cf. *1 Cor.* 12, 8 : «À l'un, c'est un discours de sagesse qui est donné par l'Esprit ; à tel autre un discours de science, selon le même Esprit». Voir NC 26 : *Sagesse et science,* p. 112-115.

68. Voir note 65.

69. J'entends *satis* au sens d'*assai* en italien ; NC 27 : *La gradation,* p. 115-116.

70. Cf. *Ioh.* 1, 17 : «La loi fut donnée par Moïse ; la grâce et la vérité sont venues par Jésus Christ».

71. *Ex.* 25, 40. L'action s'exerçant dans le temps est de l'ordre de la *science* et elle se conforme au modèle contemplé qui est de l'ordre de la *sagesse.* NC 26 : *Sagesse et science,* p. 112-115.

ostenderet se scire nisi Christum et hunc crucifixum, tamen sapientiam loquebatur inter perfectos, I ad corinthios II. Hanc autem sapientiam ipse didicit quando usque
15   ad tertium caelum raptus fuit, II ad corinthios XII.

Excellentissime autem fuit in domino Ihesu Christo, qui fuit principalis legislator et simul perfectus uiator et comprehensor ; et ideo ipse solus est principalis magister et doctor.

20. Hic igitur tanquam principalis magister principaliter est honorandus, audiendus et interrogandus.

Principaliter namque honorandus est, ut sibi attribuatur dignitas magistri, secundum illud Matthaei XXIII :
5   Nolite uocari rabbi ; unus est enim magister uester, omnes enim uos fratres estis. Sibi enim dignitatem magisterii uult reseruare, secundum illud Iohannis XIII : Vos uocatis me magister et domine, et bene dicitis, sum etenim.

Honorandus est autem non tantum uocaliter in
10   locutione, sed realiter in imitatione ; propter quod subdit :

19, 13 perfectos, sicut dicitur *M Qu Ru* ‖ 13-15 corinthios II] II ... corinthios *om. O* ‖ 16 domino nostro *M Qu*

20, 1-2 est principaliter *M Qu Ru* ‖ 2 et *om. M Qu* ‖ 4 magistri] magisterii *M Qu* ‖ secundum illud *om. M Qu* ‖ 5 enim] autem *M Qu Ru* ‖ 6 Sibi enim] Sibi autem uult dignitatem magisterii *M Qu* ‖ 8 domine, et cetera *M* ‖ 9 tantum] solum *M Qu Ru* ‖ 10 sed etiam *M Qu Ru*

que «le Christ Jésus et le Christ crucifié»[72], il s'entretenait néanmoins «de sagesse avec les parfaits», comme il est dit dans la *Première lettre aux Corinthiens,* 2, 2 et 6. Or cette sagesse, il l'avait apprise, quand il avait été ravi jusqu'au troisième ciel, selon la *Deuxième lettre aux Corinthiens,* chapitre 12[73].

Mais c'est dans le Seigneur Jésus-Christ que ces discours se trouvèrent en parfaite excellence, lui qui fut le législateur principal[74] et simultanément le voyageur parfait et le parfait possesseur[75]. Et c'est pourquoi lui seul est le Maître et le Docteur principal.

DEVOIRS DES MAÎTRES AUXILIAIRES

20. C'est donc lui, en tant que Maître principal, qu'il faut honorer, écouter, interroger à titre principal.

De fait, il faut l'honorer à titre principal, afin que lui soit attribuée la dignité de Maître, conformément à cette déclaration de l'*Évangile de Matthieu,* 23, 8 : «Ne vous faites pas appeler "rabbi" ; car vous avez un seul Maître et vous êtes tous frères». Il veut, en effet, se réserver la dignité du magistère, selon cette déclaration de l'*Évangile de Jean,* 13, 13 : «Vous m'appelez Maître et Seigneur et vous faites bien ; je le suis en effet».

Or il faut l'honorer, non seulement de bouche, en parole, mais aussi en réalité, par l'imitation. C'est pourquoi il

---

72. Tout ce que le Verbe fait chair a fait et souffert dans le temps ressortit de la science, selon AUGUSTIN, *De Trinitate,* XIII, 19, 24 (*BA* 16, p. 332-333). NC 26 : *Sagesse et science,* p. 112-115.

73. *2 Cor.* 12, 2-4.

74. En tant que principe des deux Alliances, l'ancienne et la nouvelle. Cf. § 5.

75. Homme et Dieu, le Christ, tout en vivant ici-bas, jouissait de la vision béatifique ; NC 28 : *Christus uiator et comprehensor,* p. 116-118.

Si ergo, ego magister et dominus, laui pedes uestros, et
cetera, quia, sicut dicitur, Lucae XIIII : Qui non uenit post
me non potest esse meus dicipulus.

21. Est etiam principaliter audiendus per humili-
tatem fidei, secundum illud Isaiae L : dominus dedit mihi
linguam eruditam, ut sciam sustentare eum qui lassus est
uerbo ; erigit mane, mane erigit mihi aurem, ut audiam
5 eum quasi magistrum. Bis dicit erigit, quia non sufficit ut
auris nostra erigatur ad intelligendum, nisi etiam erigatur
ad obediendum. Propter quod dicitur, Matthaei XIII : Qui
habet aures audiendi audiat. Christus etiam docet nos, non
tantum uerbo, sed etiam exemplo ; et ideo non est per-
10 fectus auditor, nisi accommodet intelligentiam uerbis et
obedientiam factis. Propter quod, Lucae VI : Perfectus
omnis erit, si sit sicut magister eius.

22. Est etiam principaliter interrogandus per desi-
derium addiscendi, non sicut curiosi increduli qui
interrogant temptando, secundum illud Matthaei XII : Res-
ponderunt quidam de scribis et pharisaeis dicentes : Ma-
5 gister, uolumus a te signum uidere. Signa quippe uiderant
et uidebant et tamen adhuc signum requirebant, ut per hoc
ostendatur quod humana curiositas non habet terminum
nec meretur perduci ad uerum. Vnde responsum est eis
quod non daretur signum nisi signum Ionae prophetae.

20, 11 magister et dominus *om. M Qu* ‖ uestros *om. M* ‖ 13
meus esse *M Qu Ru*

21, 3 qui] quod *O* ‖ 5 ut] quod *M Qu Ru* ‖ 8 etiam] enim *M
Qu Ru* ‖ 12 si sit et cetera *M*

22, 2 curiosi et increduli *M Qu Ru* ‖ 3 secundum illud *om. M
Qu* ‖ 4 et pharisaeis *om. M Qu* ‖ 6 requirebant] quaerebant *M Qu
Ru* ‖ 9 quod signum non dabitur eis *M Qu Ru*

ajoute : «Si donc, moi Maître et Seigneur, je vous ai lavé les pieds, vous aussi vous devez vous laver les pieds les uns aux autres»[76] ; car, comme il est dit dans l'*Évangile de Luc,* 14, 27 : «Qui ne vient pas à ma suite ne peut être mon disciple».

21. Il faut aussi l'écouter à titre principal par l'humilité de la foi, selon cette phrase d'*Isaïe,* 50, 4 : «Le Seigneur m'a donné une langue instruite, afin que je sache soutenir par la parole celui qui est fatigué ; il dresse le matin, le matin il dresse mon oreille, afin que je l'écoute comme un maître». Il dit deux fois «dresse», car il ne suffit pas que notre oreille soit dressée pour comprendre ; il faut aussi qu'elle soit dressée pour obéir. C'est pourquoi il est dit dans l'*Évangile de Matthieu,* 13, 43 : «Qui a des oreilles pour entendre, qu'il entende». Le Christ aussi nous enseigne, non seulement par la parole, mais aussi par l'exemple[77] ; et c'est pourquoi on n'est un auditeur parfait que si l'on accommode son intelligence aux paroles et son obéissance aux faits et gestes du Christ. C'est pourquoi il est dit dans l'*Évangile de Luc,* 6, 40 : «Chacun sera parfait, s'il est comme son maître».

22. Il faut aussi l'interroger à titre principal par le désir de s'instruire, non pas comme des curieux et des incrédules qui interrogent pour tenter, selon l'*Évangile de Matthieu,* 12, 38-39 : «Certains des scribes et des pharisiens répondirent en disant : Maître, nous voulons voir un signe de toi». Des signes, certes, ils en avaient vus et ils en voyaient ; et pourtant ils demandaient encore un signe, afin que cela montre que la curiosité humaine n'a pas de bornes et ne mérite pas d'être menée au vrai. Aussi leur fut-il répondu qu'il ne leur serait pas donné d'autre signe que celui du prophète Jonas.

---

76. *Ioh.* 13, 14. Cf. *Sermo* 49, 6 (éd. J.-G. BOUGEROL, p. 469).

77. Cf. AUGUSTIN, *In Iohannis euangelium tr.* 15, 2 (*BA* 72, p. 758-759) : «in omni re quam gessit ut homo hominibus in se credituris praebebat exemplum».

10   Non hoc modo interrogandus est Ihesus, sed studiose,
sicut interrogauit eum Nicodemus, de quo, Iohannis III,
dicitur quod uenit ad Ihesum nocte et dixit ei : Rabbi,
scimus quia a deo uenisti magister, nemo enim potest, et
cetera ; et subditur quod Christus aperuit ei mysteria fidei,
15 pro eo quod non quaerebat signa uirtutis sed documenta
ueritatis.

23. Interrogandus est autem hic magister de hiis quae
spectant ad scientiam, disciplinam et bonitatem, quae tria
petebat psalmista : Bonitatem, inquit, et disciplinam et
scientiam doce me. Scientia namque consistit in notitia
5   ueri, disciplina in cautela mali, bonitas in eligentia boni.
Primum respicit ueritatem, secundum respicit sanctitatem, sed tertium respicit caritatem.

Interrogandus est etiam de hiis quae spectant ad
ueritatem scientiae, non ad temptandum, sicut quaerebant
10 discipuli pharisaeorum, Matthaei XXII : Magister, scimus
quia uerax es et uiam dei, et cetera, licet censum, et
cetera. Et, quia mala intentione quaerebant, responsum
est eis : Quid me temptatis, hypocritae ? ; quia uero
quaestionem bonam, et ideo dedit responsionem ueram :

——————

22, 11 sicut *om. O* ‖ 13 nemo enim potest om. *M Qu Ru* ‖ 14
subditur ibi *M Qu Ru* ‖ 14 Christus] Ihesus *M Qu*

23, 2 ad disciplinam *M Qu* ‖ 2-3 quae... psalmista] secundum
illud psalmi *M Qu Ru* ‖ 3 inquit *om. M Qu Ru* ‖ 4 doce me] et c.
M ‖ 7 sed *om. M Qu Ru* ‖ 8 etiam] ergo *M Qu,* enim *Ru* ‖ 9 non
studio temptandi *M Qu Ru* ‖ 9 quaerebant] temptabant *M Qu Ru* ‖
11 et uiam dei, et cetera, licet censum *om. M Qu Ru* 12 ideo
responsum *M Qu Ru* ‖ est *om. M* ‖ 14 et *om. M Qu Ru*

Ce n'est pas de cette façon qu'il faut interroger Jésus, mais avec sollicitude, comme l'interrogea Nicodème, dont il est dit dans l'*Évangile de Jean,* 3, 2 , qu'«il vint de nuit voir Jésus et qu'il lui dit : Rabbi, nous savons que tu es venu d'auprès de Dieu en maître ; car personne ne peut faire les signes que tu fais, si Dieu n'est pas avec lui». Et il est ajouté que Jésus lui dévoila les mystères de la foi[78], parce qu'il ne demandait pas des signes de la puissance, mais des témoignages de la vérité.

23. Mais il faut interroger ce Maître sur ce qui relève de la science, de la discipline et de la bonté, selon cette prière du *Psaume* 118, 66 : «Enseigne-moi la bonté, la discipline et la science»[79]. De fait, la science consiste dans la connaissance du vrai, la discipline dans la défiance à l'égard du mal, la bonté dans le choix du bien. La première a trait à la vérité, la seconde à la sainteté, et[80] la troisième à la charité.

Il faut donc l'interroger sur ce qui relève de la vérité de la science, non pas pour le tenter, comme le questionnaient les disciples des pharisiens[81], selon l'*Évangile de Matthieu,* 22, 16, 18 et 21 : «Maître, nous savons que tu dis la vérité et que tu enseignes la voie de Dieu en vérité, sans te préoccuper de qui que ce soit, car tu ne regardes pas au rang des personnes. Dis-nous donc ton avis : Est-il permis ou non de payer l'impôt à César ?». Et, parce qu'ils demandaient dans une mauvaise intention, il leur fut répondu : «Pourquoi me tentez-vous, hypocrites ?». Mais, parce que leur question

---

78. Cf. *Ioh.* 3, 3-21.

79. Bonaventure a commenté ce verset, en l'appliquant au prédicateur, dans le *prothema* du *Sermo* I *in dominica secunda in quadragesima* (IX, p. 215) ; voir aussi *In Hexaemeron,* coll. 19, 3 (V, p. 420b).

80. Littéralement «mais» ; cf. ci-dessus, n.7.

81. Cf. *Sermo* 49, 5 (éd. J.-G. BOUGEROL, p. 468) : «Miseri iudaei ... ueniunt ad eum et interrogant, non desiderio addiscendi, sed studio tentandi».

15   Reddite ergo mox quae sunt Caesaris, et cetera.

Interrogandus est secundo de hiis quae spectant ad
sanctitatem disciplinae, sicut interrogauit eum adolescens
ille, Marci X : Magister, quid faciam ut uitam aeternam
habeam ? Et responsum est ei quod seruaret mandata, et, si
20   uellet perfectus esse, quod seruaret consilia, in quibus
consistit perfecta disciplina, in cautela eorum quae nos
incitant ad peccandum.

Interrogandus est etiam de hiis quae spectant ad
caritatem beniuolentiae, exemplo legis periti, Matthaei
25   XXII : Magister, quod est mandatum magnum in lege ?
Ait illi Ihesus : Diliges dominum deum tuum ex corde tuo
et ex mente tua, et cetera ; ubi ostendit dominus quod
plenitudo legis est dilectio.

24. Haec ergo tria sunt quae interroganda sunt a Christo
tanquam a magistro, et ad quae tota lex Christi est
ordinata. Et ideo omnis doctrina ministerialis doctoris ad
haec tria debet ordinari, ut sub illo magistro summo
5   officium magistri digne possit exsecutioni mandari.

Debet namque ministerialis doctor intendere scientiae
ueritatis fidei, secundum illud I Timothei II : Veritatem

23, 15 mox *om. M Qu Ru* ‖ Caesaris *om. M,* Caesaris Caesari
et quae sunt dei deo *Qu Ru* ‖ 17 interrogauit] interrogabat *M Qu* ‖
ille adolescens *M Qu Ru* ‖ 18 magister bone *M Qu Ru* ‖ 19
habeam] possideam *M Qu,* percipiam *Ru* ‖ 20 quod *om. M Qu* ‖
21 disciplina morum *M Qu Ru* ‖ 24 periti] doctoris *M Qu Ru* ‖ 25
Magister *om. O* ‖ 26 Ihesus *om. M Qu* ‖ 27 dominus *om. M Qu Ru*

24, 1 ergo] igitur *M Qu* ‖ quae interroganda sunt *om. O* ‖ 5
magistri] magisterii *M Qu Ru* ‖ mandare *M Qu* ‖ 6 doctor]
magister *M Qu Ru* ‖

était bonne, il leur donna une réponse vraie[82] : «Rendez donc vite à César ce qui est à César, et à Dieu ce qui est à Dieu».

Il faut l'interroger deuxièmement sur ce qui relève de la sainteté de la discipline, comme l'interrogeait ce jeune homme, selon l'*Évangile de Marc,* 10, 17-21 : «Maître, que dois-je faire pour posséder la vie éternelle ?» Et il lui fut répondu qu'il devait observer les commandements, et, s'il voulait être parfait, observer les conseils, dans lesquels consiste la discipline parfaite, par la défiance à l'égard des choses qui nous incitent au péché.

Il faut l'interroger aussi sur ce qui relève de la charité de la bienveillance, à l'exemple du docteur de la Loi, selon l'*Évangile de Matthieu,* 22, 36-37 : «Maître, quel est le plus grand commandement dans la Loi ?». Jésus lui dit : «Tu aimeras ton Dieu avec ton cœur et ton esprit et ton âme ; voilà le plus grand et le premier commandement ; quant au second, il lui est semblable : tu aimeras ton prochain comme toi-même. En ces deux commandements consistent toute la Loi et les Prophètes». Par quoi le Seigneur montre que la plénitude de la Loi, c'est l'amour[83].

24. Voilà donc les trois objets sur lesquels il faut interroger le Christ comme Maître et auxquels est ordonnée toute la Loi du Christ. Et, de ce fait, toute la doctrine du docteur auxiliaire doit être ordonnée à ces trois objets, afin qu'il puisse dignement mettre à exécution sa fonction de maître sous ce Maître suprême.

De fait, le docteur auxiliaire doit tendre à la science de la vérité de la foi, selon cette déclaration de la *Première lettre à Timothée,* 2, 7 : «Je dis la vérité et je ne mens pas, moi le

---

82. Cf. *Ibidem,* (p. 468-469) : «et quia quaestionem bonam proponebant (iudaei), quamuis eorum malitia non exigeret, responsionem ueram audire meruerunt».

83. *Rom.* 13, 10. C'est un point sur lequel AUGUSTIN a beaucoup insisté, notamment dans le *De catechizandis rudibus,* 3, 6 - 4, 8 (*BA* 11, p. 28-37).

dico et non mentior, doctor gentium in fide et ueritate.
Propter quod II Petri I : Non enim indoctas fabulas secuti
10 notam fecimus uobis domini nostri Ihesu Christi ueritatem
et praescientiam, sed speculatores facti illius magni-
tudinis.

25. Debet etiam secundo intendere disciplinae sanctitatis, secundum illud II Timothei I : Positus sum ego
Paulus in euangelio praedicator et apostolus, ob quam
causam et haec patior ; quia, secundum quod dicitur,
5 Prouerbiorum XIX : doctrina uiri per patientiam noscitur.
Sicut enim non decet insipientem docere sapientiam, sic
neque decet impatientem docere patientiam nec indis-
ciplinatum docere disciplinam. In moribus enim plus
mouent exempla quam uerba.

26. Debet etiam intendere beniuolentiae caritatis dei
et proximi, Ecclesiastae ultimo : Verba sapientium sicut
stimuli et quasi claui in altum defixi, quae per magistrorum consilium data sunt a pastore uno. Haec etiam
5 uerba sunt uerba diuini amoris, quae penetrant medullas
cordis. Et haec dicuntur dari per magistrorum consilium
a pastore uno, quia, licet amor diuinus laudetur et suadea-
tur per uerba multorum, utpote per documenta duorum
testamentorum, ab uno tamen solo magistro inspiratur.

24, 9 indoctas] doctas *Qu Ru* ǁ 10-11 ueritatem et praescien-
tiam] uirtutem et praesentiam *Qu Ru*

25, 1 secundo *om. M Qu Ru* ǁ 1-2 sanctitatis animi *M Qu Ru*
ǁ 6 decet] debet *Ru* ǁ 7 neque] non *M Qu Ru* ǁ decet] debet *Ru*

26, 2 sicut] quasi *M Qu Ru* ǁ 3-4 stimuli et c. *M* ǁ 4 etiam]
inquam *M Qu Ru* ǁ 7 suadetur *O* ǁ 9 magistro inspiratur] uerbo
spiratur *M Qu,* uerbo inspiratur *Ru*

docteur des nations dans la foi et la vérité». C'est pourquoi il est écrit dans la *Deuxième lettre de Pierre,* 1, 16 : «En effet, ce n'est pas en suivant des fables sans doctrine[84] que nous vous avons fait connaître la vérité et la prescience de notre Seigneur Jésus-Christ, mais en tant que témoins oculaires de sa grandeur».

25. Il doit aussi en deuxième lieu tendre à la discipline de la sainteté de l'esprit selon cette déclaration de la *deuxième lettre à Timothée,* 1, 11-12 : «J'ai été établi, moi Paul, prédicateur et apôtre dans l'Évangile ; et c'est la raison pour laquelle je souffre tout cela» ; car, comme il est dit dans les *Proverbes,* 19, 11 : «La doctrine de l'homme se reconnaît à sa patience». En effet, de même qu'il ne sied pas à qui manque de sagesse d'enseigner la sagesse, de même ne sied-il pas à qui manque de patience d'enseigner la patience, ni à qui manque de discipline d'enseigner la discipline. En morale, en effet, les exemples émeuvent davantage que les paroles.

26. Il doit aussi tendre à la bienveillance de la charité à l'égard de Dieu et du prochain, selon le dernier chapitre de l'*Ecclésiaste* (12), 11 : «Les paroles des sages sont comme des aiguillons et comme des clous plantés profond, qui par l'intermédiaire du conseil des maîtres ont été données par le Pasteur unique». Ces paroles sont aussi les paroles de l'amour divin, qui pénètrent jusqu'au tréfonds du cœur[85] ; et elles sont dites données par l'intermédiaire du conseil des maîtres par le Pasteur unique, parce que l'amour divin, bien qu'il soit loué et inculqué par des paroles de nombreux intermédiaires, à savoir par les documents des deux Testaments, n'est inspiré toutefois que par un seul Maître. Et

---

84. NC 29 : *Non enim indoctas fabulas* ..., p. 118-119.
85. Littéralement «les moelles du cœur» ; NC 30 : *Medullae cordis,* p. 119-120.

10   Qui quod est pastus et pastor omnium, et ideo omnia illa
uerba ab eodem sunt et in idem tendunt ; et propterea
dicuntur dari signanter per magistrorum consilium, idem
uidelicet sentientium.

Et quoniam omnes doctores christianae legis finaliter
15   debent intendere ad uinculum caritatis, ideo debent
concordare in suis sententiis. Propter quod, Iacobi III :
Nolite, fratres mei, fieri plures magistri ; hoc quidem
dicit, non prohibendo eos a doni scientiae commu-
nicatione, cum dicat Moyses, Numerorum, XI : Quis tri-
20   buat ut omnis populus prophetet, et cetera. Et, I Petri IIII :
Vnusquisque, sicut accepit gratiam, in alterutrum illam
administrans. Sed hoc dicit ut non habeant uarias
sententias peregrinas, sed omnes idem dicant, sicut I ad
corinthios I : Obsecro uos, fratres, per nomen domini
25   nostri Ihesu Christi, ut id ipsum dicatis omnes et non sint
in uobis schismata, et cetera.

27. Nam dissentio sententiarum ortum habet a prae-
sumptione, secundum illud Prouerbiorum XIII : Inter
superbos semper iurgia sunt ; et parit confusionem,
secundum illud I ad Timotheum VI : Si quis aliter docet et
5   non acquiescit sanis sermonibus domini nostri Ihesu
Christi et ei quae secundum pietatem est doctrinae,
superbus est, nihil sciens, sed languens circa quaestiones et

---

26, 10 Qui quod] quod quidem *M Qu Ru* ‖ 15 intendere]
tendere *M Qu Ru* ‖ 20 et cetera] et det eis dominus spiritum suum
M Qu Ru ‖ III *M* ‖ 21 in alterutrum et c. *M Qu Ru* ‖ 23 sententias
et *M Qu Ru* ‖ 26 schismata ; sitis autem perfecti in eodem sensu et
in eadem sententia *Qu*

27, 2 secundum illud *om. M* ‖ 4 VI] ultimo *M Qu Ru* ‖ 5
quae *om. O* ‖

puisque celui-ci est la pâture et le pasteur de tous[86], de ce fait, toutes ces paroles proviennent du même et tendent au même ; et c'est pourquoi il est dit qu'elles sont données de façon expresse par l'intermédiaire du conseil des maîtres, qui sont, bien sûr, d'un même sentiment.

Et, puisque tous les docteurs de la Loi chrétienne doivent en fin de compte tendre vers le lien de la charité, ils doivent aussi s'accorder dans leurs opinions. C'est pourquoi il est écrit dans la *Lettre de Jacques,* 3, 1 : «Évitez, frères, la multiplication des maîtres»[87] ; ce qui ne veut pas dire qu'il interdise la communication du don de science ; puisque Moïse dit dans le livre des *Nombres,* 11, 29 : «Qui fera que tout le peuple prophétise et que le Seigneur leur donne son Esprit ?» ; et de même est-il dit dans la *Première lettre de Pierre,* 4, 10 : «Que chacun de vous, selon la grâce qu'il a reçue, la mette au service d'autrui, comme de bons intendants de la grâce multiple de Dieu». Mais cela veut dire qu'ils ne doivent pas avoir des opinions diverses et étrangères, mais dire tous la même chose, comme dans la *Première lettre aux Corinthiens,* 1, 10 : «Je vous adjure, frères, par le nom de notre Seigneur Jésus-Christ, de dire tous la même chose ; et qu'il n'y ait pas de schisme parmi vous ; mais soyez dans une parfaite union de sentiment et de pensée».

27. De fait, les dissentiments d'opinion naissent de la présomption, selon la phrase des *Proverbes,* 13, 10 : «Entre les orgueilleux il y a toujours des querelles» ; et cela engendre la confusion, selon cette déclaration de la *Première lettre à Timothée,* 6, 3 : «Si quelqu'un enseigne autrement et n'acquiesce pas aux discours salutaires de notre Seigneur Jésus-Christ et à la doctrine qui est conforme à la piété, c'est un orgueilleux ; il ne sait rien ; c'est un malade agité par des

---

86. Cf. ci-dessus, § 11 et 13.
87. Cf. Augustin, *Retractationes,* Prol. 2 (*BA* 12, p. 269).

pugnas uerborum ; ex quibus oriuntur inuidiae, conten-
tiones, blasphemiae, suspiciones malae, conflictationes
hominum mente corruptorum et qui ueritate priuati sunt.

28. Quoniam ergo haec tria sunt quae nos impediunt
ne perueniamus ad perceptionem ueritatis, uidelicet prae-
sumptio sensuum et dissensio sententiarum et desperatio
inueniendi uerum, ideo hiis obuians Christus dicit : Vnus
5 est magister uester, Christus.

Dicit in quantum quod Christus est magister, ne de
nostra scientia praesumamus ; dicit quod unus est, ne in
sensu dissentiamus ; dicit quod noster est, paratus nobis
assistere, ne de nostra imbecillitate desperemus, maxime
10 cum ipse uelit et sciat et possit nobis docere. Intente illum
spiritum petamus de quo ipse dicit, Iohannis XVI : Cum
uenerit ille spiritus ueritatis, docebit uos omnem
ueritatem.

Quod ipse praestare, et cetera.

27, 9 conflictationes] confutationes *O*

28, 1 nos *om. M Qu Ru* ‖ 1-2 ne perueniamus *om. M Qu* ‖
6 in quantum] inquam *M Qu Ru* ‖ 6-7 ne... praesumamus] ut...
non praesumamus *M Qu Ru* ‖ 7 est *om. M Qu* ‖ 8 noster] uester
Qu Ru ‖ 9 de nostra imbecillitate *om. M Qu Ru* ‖ 10 nobis] nos
M Qu Ru ‖ 10 intente] mittendo *M Qu Ru* ‖ 11 petamus *om. M
Qu Ru* ‖ 14 ipse] nobis *M Qu Ru*

questions et des disputes de mots, d'où naissent les jalousies, les querelles, les blasphèmes, les soupçons méchants, les conflits entre gens à l'esprit corrompu et privés de vérité».

28. Tels étant donc les trois obstacles qui nous empêchent de parvenir à la perception de la vérité, à savoir la présomption dans les sentiments, le dissentiment dans les opinions et le désespoir de trouver le vrai, le Christ les prévient en disant : «Vous avez un seul Maître, le Christ»[88].

Il dit, partant, que le Christ est le Maître, afin que nous ne présumions pas de notre science ; il dit qu'il est le seul, afin que nous ne nous opposions pas dans nos sentiments ; il dit qu'il est notre Maître, prêt à nous assister, afin que nous ne désespérions pas à cause de notre débilité, surtout puisqu'il veut et sait et peut nous enseigner. Demandons instamment cet Esprit, dont il dit lui-même dans l'*Évangile de Jean,* 16, 13 : Lorsque viendra cet Esprit de vérité, il vous enseignera toute la vérité».

Qu'il daigne lui-même nous l'accorder, lui qui vit et règne avec Dieu le Père et le saint Esprit dans les siècles des siècles. Amen[89].

---

88. Cf. *Matth.* 23, 10 ; § 1.

89. J'ai complété la finale à l'aide de celle du *Sermon* 2 *de rebus theologicis* (V, p. 553b) : «Quod nobis praestare dignetur qui uiuit et regnat cum Deo Patre et Spiritu sancto in saecula saeculorum. Amen».

Notes complémentaires*

1. *Le Christ Maître*

Le titre que j'ai donné à cet opuscule est fictif, comme l'était celui que les éditeurs de Quaracchi avaient choisi : «Christus unus omnium magister». Le sermon n'a d'autre titre que son thème : «Vnus est magister noster Christus».

Bonaventure avait déjà développé son argumentation sur la nécessité de l'action illuminatrice du Verbe pour assurer la certitude de la connaissance humaine, dans la 4e *Quaestio disputata de scientia Christi* (V, p. 17-27 ; trad. Éd.-H. Wéber, *Questions disputées sur le savoir chez le Christ,* p. 85-112). Il a repris une partie de ses arguments notamment dans un *sermon* pour le 22e dimanche après la Pentecôte (éd. Quaracchi, IX, 441-444 = éd. J.-G. Bougerol, *Sancti Bonaventurae Sermones dominicales,* p. 465-473 ; voir la comparaison des textes, *Ibid.,* p. 91-94).

Dans le *De reductione artium ad theologiam,* 18, Bonaventure écrit que pour Augustin «le seul vrai Maître (*doctor*) est celui qui est capable de communiquer l'information, d'apporter la lumière et de donner la force au cœur de qui l'écoute, d'où la formule : "Il a sa chaire au ciel celui qui instruit le cœur dans l'intimité". Si donc le discours ne

---

* J'ai profité, bien entendu, des abondantes références fournies dans l'édition de Quaracchi, reprises et enrichies par R. Russo. Les renvois sont faits aux tomes de l'édition de Quaracchi ; a, b désignent les colonnes de chaque page.

fait rien connaître sans une force, une lumière et une information qui pénètrent l'âme, de même pour que celle-ci s'instruise dans la connaissance de Dieu par sa parole intérieure, il lui faut être unie à Celui qui est la splendeur de gloire et l'aspect visible de sa substance, portant toutes choses par le verbe de sa puissance (cf. *Hebr.* 1, 3). Tout cela rend évident le caractère merveilleux de cette contemplation, par laquelle Augustin en nombre de ses ouvrages, guide son lecteur vers la Sagesse divine» (trad. P. MICHAUD-QUANTIN, *Les six lumières,* p. 77).

Augustin disait, en effet, dans l'*In epistulam Iohannis,* 3, 13 (*PL* 35, 2004) «cathedram in caelo habet qui corda docet» ; Bonaventure reprend la formule dans l'*In Hexaemeron,* coll. 1, 13 (V, p. 331b), dans le *De donis Spiritus sancti,* coll. 8, 15 (V, p. 497a), dans le *Commentarius in Sapientiam,* cap. 5 (VI, p. 139b) ; dans le *Commentarius in euangelium Lucae,* 19, 73 (VII, 500a) «Et ipse erat iuste docens, quia proprie ipse solus doctor, secundum illud Matthaei XXIII : "Vnus est magister uester Christus", quod exponens Augustinus dicit : "Cathedram habet in caelo qui intus docet corda"».

Pour d'autres références augustiniennes sur ce thème, voir NC *Condiscipuli sumus, BA* 6³, p. 545-548.

2. *La structure du sermon*

Les éditeurs de Quaracchi (V, p. 567) distinguaient deux parties :

I. De ipsius Christi triplici magisterio : § 1-19 (avec deux corollaires, §15, § 16-19) ;

II. De officiis erga Christum, principalem magistrum, praestandis (§ 20-28)

On peut préférer une division en trois parties, car le discours est entièrement pris dans un réseau de triades :

1) : § 1-14 : Christus Via, Veritas, Vita
2) : § 15-19 : Christus Ratio intellegendi
3) : § 20-28 : Christus honorandus, audiendus, interrogandus

Dès le début (§ 1) la structure triadique est imposée à l'esprit des auditeurs et des lecteurs par une sorte de martèlement. La triade fondamentale : *Via, Veritas, Vita,* est ensuite expliquée par le procédé du dédoublement :

1 : (§ 2-5) Via : Magister cognitionis per fidem,
    1) secundum aduentum sui in mentem ut lux reuelatiua,
    2) secundum aduentum suum in carnem ut uerbum approbatiuum
2 : (§ 6-10) Veritas : Magister cognitionis per rationem,
    1) ex parte scibilis ueritas immutabilis,
    2) ex parte scientis certitudo
3 : (§ 11-14) Vita : Magister cognitionis contemplatiuae,
    1) ingressus ad Verbum increatum, cibus angelorum,
    2) egressus ad Verbum incarnatum, lac paruulorum

Dans la deuxième partie (§ 15-19), on peut d'abord observer le procédé inverse : ce sont les dyades qui se développent en triades :

1 : (§ 15) Ordo :
    fides, ratio, contemplatio,
    Via, Veritas, Vita.
2 : § 16-17) Actor et Doctor :
    non generaliter, nec specialiter, sed modo medio,
    uestigium, imago, similitudo,
    Causa essendi, Ratio intellegendi, Ordo uiuendi,
    non sola, nec nuda, nec tota.

Puis cette triade donne lieu à trois dédoublements (§ 18) :

1 : non sola
    cognitio scientiae, cognitio sapientiae
2 : non nuda
    cognitio uiae, cognitio patriae
3 : non tota
    Plato : uia sapientiae, Aristoteles : uia scientiae.

Augustin fait la synthèse de Platon et d'Aristote (§ 18-19). Mais il devient ensuite (§ 19) le premier élément d'une autre triade graduelle :

1 : excellenter : Augustinus
2 : excellentiori modo : Moyses et Paulus
3 : excellentissime : Christus.

La troisième partie (§ 20-26) reprend simplement le procédé de la première : la triade dédoublée :

1 : honorandus :
   uocaliter, realiter
2 : audiendus :
   per intellegentiam, per obedientiam
3 : interrogandus,
   non curiose, sed studiose
1 : ad scientiam, 2 : ad disciplinam, 3 : ad bonitatem

La conclusion est également triadique (§ 27-28) : 1 : Magister, 2 : Vnus, 3 : Noster ; et la doxologie finale l'était aussi probablement.

Rappelons ici que l'*Itinerarium* est bâti sur le même système de la triade dédoublée ; voir J. Pépin, *Les deux approches,* p. 212-215. Bonaventure est un «architecte de la pensée», comme l'écrivait R. Guardini, *Die Lehre des hl. Bonaventura von der Erlösung,* Düsseldorf, 1921, p. 186 : «(Bonaventura) ist Logiker, aber auch Künstler, ein Architekt des Gedankens und Meister des Ausdrucks». F. van Steenberghen (*La philosophie au XIIIᵉ siècle,* p. 267) estime, quant à lui, que l'expression littéraire de Bonaventure «est à la fois lucide et élégante (malgré la répétition, à la longue fastidieuse, de certains procédés, comme la division ternaire de la phrase)». Mais peut-être faut-il résister au sentiment d'ennui, pour saisir le rapport que ce mode d'expression entretient avec la structure même de la pensée ; cf. J. Barata-Moura, «Inteligibilidade por meio de esquema. Aplicação à estructura formal de algumas obras de são Boaventura», *S. Bonaventura, 1274-1974,* II, p. 417-433 ; R. Guardini, *Systembildende Elemente in der Theologie Bonaventuras,* Leiden, 1964.

3. *Principium formale / fontale*

On a respecté le texte de *O* ; mais il est probable que Bonaventure a plutôt dit *fontale principium* (leçon de *M*) comme dans le *Sermo* 49, 4 (éd. J.-G. Bougerol, p. 468) : «Merito igitur soli Christo et non alii attribuenda est auctoritas officii, ut singulariter unus magister dicatur, eo quod ipse est *fontale principium* et origo cuiuslibet scientiae humanae». Le *Lexique Saint Bonaventure,* p. 23, annonce une notice *Fontalitas,* qui manque à sa place alphabétique, p. 71. À défaut, voir *De mysterio Trinitatis,* qu. 8, ad 7. (V, p. 115b), où Bonaventure distingue une *fontalitas* «per priuationem anterioritatis essentialis», qui s'applique à la Trinité entière par rapport à la création, et une *fontalitas* «per priuationem originis personalis», qui est propre au Père par rapport au Fils et à l'Esprit saint. Voir A. DE VILLAMONTE, «El Padre Plenitud fontal de la Deidad», *S. Bonaventura 1274-1974,* IV, p. 221-242.

Bonaventure, comme Thomas d'Aquin, emprunte le mot *fontalis* à la tradition dionysienne, par l'intermédiaire de Jean Scot, comme l'a signalé J.-F. BONNEFOY, *Le Saint-Esprit et ses dons...,* p. 57.

L'expression *principium formale* pourrait néanmoins se justifier par l'autorité d'Augustin, qui déclarait : «Quare cum homo possit particeps esse sapientiae secundum interiorem hominem, secundum ipsum *ita est ad imaginem ut, nulla natura interposita, formetur* ; et ideo nihil sit Deo coniunctius» (*De diuersis quaestionibus LXXXIII,* qu. 51, 2 ; *BA* 10, p. 134-135). C'est un texte que Bonaventure connaissait ; cf. *I Sent.,* d. 3, p. 1, q. 2 (I, p. 73a). Il était repris dans le pseudo-AUGUSTIN, *De spiritu et anima,* 11 (*PL* 40, 786) : «Rationale et intellectuale lumen quo ratiocinamur, intellegimus et sapimus, mentem dicimus quae facta est *ad imaginem Dei, ut nulla interposita natura ab ipsa Veritate formetur*» ; cf. *Itinerarium,* 5, 1 (éd. H. DUMÉRY, p. 82-83) «cum ipsa mens nostra immediate ab ipsa Veritate formetur». Le Verbe est, pour Augustin, la «Forma aeterna et incommutabilis» (*De libero arbitrio,* II, 16, 44 ; *BA* 6³, p. 358)), la «Forma omnium formatorum» (*Sermo* 117, 2 ; *PL* 38, 662-663) ; voir la NC *La Sagesse, art de Dieu, BA* 6³, p. 567-570.

4. *Le texte biblique et la Glose*

Je ne me suis pas astreint à relever les variantes par rapport au texte de la Vulgate, comme l'avaient fait les éditeurs de Quaracchi dans les notes de leur édition. Selon J.-G. Bougerol, *Introduction*[2], p. 165-166, «le texte de la Bible retenu en 1226 par un comité de docteurs parisiens, était la Bible *glossata,* c'est-à-dire le texte auquel étaient mêlées des paraphrases et que l'on appelait *Biblia de littera et apparatu parisiensi...* La *Glossa* accompagnant le texte parisien de la Bible a une histoire obscure et imparfaitement connue...». Toujours est-il qu'elle «a été le pain quotidien des théologiens du Moyen Âge» (S. Berger, *Histoire de la Vulgate pendant les premiers siècles du Moyen Âge,* Paris, 1893, p. 134 ; cité par C. Spicq, *Esquisse d'une histoire de l'exégèse latine au Moyen Âge,* Paris, 1944, p. 112). Sur la Bible parisienne et la Glose, voir aussi les articles de L. Light, «Versions et révisions du texte biblique», et de G. Lobrichon, «Une nouveauté : les gloses de la Bible», dans *Le Moyen Âge et la Bible,* coll. «La Bible de tous les temps», Paris, 1984, p. 55-114.

La glose citée au § 4 provient d'Augustin, *In Iohannis euangelium tr.* 108, 3 (*PL* 35, 1915-1916) : «Denique sequitur et hoc apertius insinuare non desinit : "Sermo, inquit, tuus est Veritas" (*Ioh.* 17, 17). Quid aliud dixit quam "Ego sum sum Veritas" (*Ioh.* 14, 6) ? Graecum quippe euangelium Λόγος habet, quod etiam ibi legitur ubi dictum est "In principio erat Verbum et Verbum erat apud Deum et Deus erat Verbum". Et utique Verbum ipsum nouimus unigenitum Dei Filium, quod caro factum est et habitauit in nobis (*Ioh.* 1, 1 et 14). Vnde et hic poni potuit et in quibusdam codicibus positum est "Verbum tuum est Veritas", sicut in quibusdam codicibus etiam ibi scriptum est "In principio erat Sermo". In graeco autem sine ulla uarietate et ibi et hic Λόγος est».

À deux reprises Bonaventure précise qu'il cite le texte scripturaire *secundum aliam translationem,* c'est-à-dire selon une version autre que celle de la Vulgate, à laquelle le prédicateur devait normalement se tenir (voir Th.-M. CHARLAND, *Artes praedicandi*, p. 116). Au § 12, la citation du *Ps*. 41, 5 : «Ingrediar...», est celle de la *Vetus latina* (P. SABATIER, II, p. 85). Le choix de Bonaventure s'explique par la nécessité d'expliquer l'*Ingressus ad Christum*. Au § 15, la traduction d'*Isaïe*, 7, 9 : «Nisi credideritis, non intellegetis», pouvait se recommander de l'autorité d'AUGUSTIN, *De doctrina christiana*, II, 12, 17 (*BA* 11, p. 262-263) ; voir la NC 20 : *La foi et l'intelligence*.

Voir aussi la NC 29 : *Non enim indoctas fabulas ...*, p. 118-119.

5. Les degrés du savoir chrétien (§ 1 ; cf. § 15)

Bonaventure avait déjà présenté ces trois modes de connaissance de Dieu dans son commentaire des *Sentences* de Pierre Lombard (III, d. 35, a. 1, q. 3 ; III, p. 778a) : La connaissance de Dieu sous l'aspect du vrai (*cognitio de Deo sub ratione ueri*) peut être acquise de trois manières : par simple assentiment (*per simplicem assensum*), ou avec l'appui de la raison (*per rationis adminiculum*), ou par simple regard (*per simplicem contuitum*). La première relève de la vertu de foi, la seconde du don d'intelligence, la troisième de la béatitude de la pureté du cœur. Cf. d. 34, p. 1, a. 1, q. 1 (III, p. 737a). Notons que la *distinctio* 34 des *Sentences* traite des sept dons du Saint-Esprit et la *distinctio* 35 de la différence entre sagesse et science, que Bonaventure reprendra aussi à sa manière aux § 18-19.

Le texte de Hugues de Saint-Victor que cite Bonaventure (§ 1) conclut un développement sur la croissance de la foi (*De sacramentis,* I, 10, cap. 4 ; *PL* 176, 332-333), qui s'accomplit dans l'ordre intellectuel par la science et dans l'ordre affectif par la dévotion : «Secundum cognitionem fides crescit, quando eruditur *ad scientiam* ; secundum affectum crescit, quando *ad deuotionem* excitatur et roboratur ad constantiam». Hugues distinguait ensuite trois espèces de croyants : «Quidam fideles sunt qui *sola pietate* credere eligunt ... Alii *ratione* approbant quod fide credunt. Alii *puritate cordis* et munda conscientia interius iam gustare incipiunt quod fide credunt. In primis, sola pietas facit electionem ; in secundis, ratio adiungit approbationem ; in tertiis, puritas intellegentiae apprehendit certitudinem». (Pour l'influence générale de Hugues de Saint-Victor sur Bonaventure, voir J. G. BOUGEROL, *Introduction*[1], p. 77-79 et *Introduction*[2], p. 93-106).

Les citations, au § 15, d'*Isaïe, 7, 9* (LXX) et du *De Trinitate,* I, 2, 4, manifestent que Bonaventure place sa doctrine des degrés du savoir dans le sillage de l'intelligence augustinienne de la foi ; mais, à la suite de Hugues, il la systématise en y distinguant le mode intellectuel de la raison et le mode affectif de la contemplation. On peut noter une modification analogue dans la théorie des trois sortes d'yeux, énoncée par Hugues et reprise par Bonaventure ; cf. NC *Vestiges, image, similitude,* p. 101.

Le système des trois modes de connaissance : *creditiua, collatiua, contemplatiua,* n'a pas été retenu par J.-G. BOUGEROL, dans l'article *cognitio* du *Lexique Saint Bonaventure,* p. 34-35; il semble occasionnel, appelé par la citation de Hugues. On le retrouve pourtant dans l'*Itinerarium,* 1, 10-13 (éd. H. DUMÉRY, p. 36-37).

La *collatio* est un acte de la raison qui est «potentia discernendi per inquisitionem et collationem et discursum» (I *Sent.,* d. 25, a. 1, q. 2, ad 2. ; I, p. 440b). «Collatio potest esse dupliciter : uno modo discursus ab uno in aliud, et haec successiua est ; et alio modo duorum comparatio secundum aliquem modum, et tunc accipiuntur plura in una ratione, et talis potest esse in instanti et simul de pluribus» (IV *Sent.,* d. 16, a. 3, q. 1 ; IV, p. 391b). Cf. III *Sent.,* d. 31, a. 2, q. 3 (III, p. 687a).

Selon les éditeurs de Quaracchi (V, p. 567, n. 7), suivis par R. RUSSO (p. 100, n. 17), le thème des trois connaissances se retrouverait dans le *De donis Spiritus sancti,* coll. 4, 2-

24 : «diffuse et modo omnino simili non tantum quoad doctrinam, sed etiam quoad uerba». C'est beaucoup dire ! En réalité, Bonaventure distingue là quatre sortes de sciences : philosophique, théologique, gratuite et glorieuse : «Scientia philosophica nihil aliud est quam ueritatis ut scrutabilis notitia certa ; scientia theologica est ueritatis ut credibilis notitia pia ; scientia gratuita est ueritatis ut diligibilis notitia sancta ; scientia gloriosa ueritatis ut desiderabilis notitia sempiterna» (V, p. 474b).

6. Vertus, dons, béatitudes (§ 1)

«Le terme latin "habitus" défie toute traduction française. Il signifie possession d'un principe opératif qui habilite l'agent à agir avec aisance et justesse. C'est une disposition acquise qui, intériorisée, demeure en permanence à la disposition de l'agent» (Éd.-H. WÉBER, *Saint Bonaventure, Questions disputées sur le savoir chez le Christ*, p. 41, n. 21). Voir aussi le *Lexique Saint Bonaventure*, p. 79-80 : «habitus» ; p. 134-136 : «uirtus».

Selon le *Breuiloquium*, Pars, V, cap. 4-6 (V, p. 256-260; trad. J.-P. REZETTE, p. 51-77, avec les notes, p. 135-147) la grâce de l'Esprit saint est une, mais «se ramifie» en sept vertus (les trois théologales et les quatre cardinales), en sept dons (selon *Isaïe*, 11, 2-3) et en sept béatitudes (*Matth.*, 5, 3-10). Voir à ce sujet J.-F. BONNEFOY, *Le Saint-Esprit et ses dons*, 1929, et l'abondante bibliographie indiquée par J.-P. Rezette, p. 137 et 144.

La combinaison des vertus et des dons provient des *Sentences* de Pierre Lombard, III, dist. 34 : «an haec dona uirtutes sint» (éd. de Quaracchi, 1981, p. 190) ; celle des dons et des béatitudes était déjà faite par Augustin, *De sermone Domini in monte*, I, 3, 10 - 4, 11 (*PL* 34, 1233-1235) ; *Sermo* 347 (*PL* 39, 1524-1526). La combinaison des vertus, des dons et des béatitudes se trouve dans la *Summa aurea* de GUILLAUME D'AUXERRE, Liber III, tr. XI, XXX et XXXV (éd. J. RIBAILLIER, p. 170, 585 et 665). Cf. J.-F.

BONNEFOY, *Le Saint-Esprit et ses dons selon saint Bonaventure,* Paris, 1929, p. 79-87 : «La doctrine des dons avant saint Bonaventure».

7. *Le Christ Voie et la connaisance de foi (§ 2-5)*

Le Christ est le Maître de la connaissance qui s'acquiert par la foi, en vertu de ses deux avènements : *in mentem* (§ 3) et *in carnem* (§ 4).

Cette distinction relève d'une «triade fondamentale dans la métaphysique et la théologie de Bonaventure» (J.-G. BOUGEROL, *S. dominicales,* p. 26). En voici une formulation brève : «Est triplex Verbum : increatum, incarnatum et inspiratum ; *increatum* secundum quod est apud Patrem, *incarnatum* secundum quod est in carne, *inspiratum* secundum quod est in mente» (*Sermo* 1 *in feria V, in cena Domini* ; IX, 249a). Selon A. GERKEN, *La théologie du Verbe,* p. 123, il s'agit, dans l'avènement du Christ dans l'esprit, du *Verbum increatum.* Il y a là, pour le moins, une imprécision. Cf. p. 14-15, où A. Gerken annonce un essai ultérieur sur le *Verbum inspiratum,* qui n'a pas été publié, à ma connaissance.

On retrouve la trilogie dans le *Breuiloquium,* IV, cap. 1, n. 4 (trad. B. CARRA DE VAUX, p. 62-63) ; dans l'*Itinerarium,* 4, 3 (associée avec *Via, Veritas, Vita*). Elle régit les longs développements des *Collationes* 3 et 9 *in Hexaemeron* : La clef de la contemplation est faite de trois modes d'intelligence : l'intelligence du Verbe incréé par qui toutes choses sont créées, l'intelligence du Verbe incarné par qui toutes choses sont réparées, l'intelligence du Verbe inspiré par qui toutes choses sont révélées (*Coll.* 3, 2 ; V, p. 343a). Dans la *Collatio* 9, 10-14, le thème s'enrichit de la distinction augustinienne des trois vues (voir *De Genesi ad litteram,* XII, 6, 15 - 36, 69 ; et la note complémentaire d'A. SOLIGNAC, «Les trois genres de visions», *BA* 49, p. 575-585). Selon Bonaventure, les anges et Moïse «le Législateur» ont eu la vue intellectuelle pure ; les prophètes, la vue intellectuelle combinée avec la vue imaginative ; les apôtres, la vue intellectuelle combinée avec la vue corporelle : «Hae tres uisiones siue certitudines concurrentes, angelicae, propheticae, apostolicae, dant certitudinem fidei et Scripturae» (V, p. 374).

On comprend ainsi que les §§ 2-5 de notre sermon présentent l'esquisse d'un traité sur l'Écriture sainte, dont l'autorité souveraine est fondée sur l'action révélatrice du Verbe dans les prophètes et sur la garantie que son incarnation a conférée à l'ensemble des deux Testaments.

C'est ainsi que l'Écriture est certifiée, authentifiée : «Hinc est quod, ad hoc quod Scriptura sacra modo sibi debito esse perfecte *authentica,* non per humanam inuestigationem est tradita, sed *per reuelationem diuinam*» (*Breuiloquium,* prol. 5, 3 (trad. Bougerol, p. 112-113). «Rursus, quia ueritas supra rationem siue praeter rationem est ueritas non uisa nec apparens, sed magis occulta et ad credendum difficillima, ideo ad hoc quod firmiter credatur necessaria est illustratio ueritatis animam eleuans, necessaria est etiam *testificatio auctoritatis* animam firmans. Primum fit per fidem infusam, secundum *per Scripturam authenticam,* quarum utraque est a Veritate summa per Iesum Christum qui est Splendor et Verbum et per Spiritum sanctum qui Veritatem ostendit et docet et nihilominus credere facit. Hinc est quod auctoritas praebet fulcimentum fidei et fides assentit auctoritati. Et, quia *auctoritas principaliter residet in sacra Scriptura* quae per Spiritum sanctum est condita tota ad dirigendam fidem catholicam, hinc est quod uera fides a Scriptura non dissonat, sed ei assentit assentione non ficta» (*Breu.,* V, 7, 5 ; trad. J.-P. Rezette, p. 80-81.

Voir T. V. Gerster, *Jesus in ore Prophetarum. Tractatus de vaticiniis messianicis iuxta S. Bonaventurae doctrinam,* Torino, 1934 ; B. Decker, *Die Entwicklung der Lehre von der prophetischen Offenbarung von Wilhelm von Auxerre bis zu Thomas von Aquin,* Breslau, 1940.

8. Le Christ Vérité et la connaissance rationnelle (§ 6-10)

La «connaissance scientiale» requiert la vérité immuable de son objet (§ 7-8) et la certitude infaillible de son sujet (§ 9-10). C'est ce qu'implique l'enseignement d'Aristote lui-même (§ 6 ; voir NC suivante) et ce qu'établissent les autorités scripturaires (§ 7 et 9) et augustiniennes (§ 8 et 10). Cette double condition est remplie par le Christ, Vérité et Lumière.

On retrouve la même argumentation, appuyée sur l'autorité expresse du Philosophe dans le *Sermo* 49, 4 (éd. J. G. BOUGEROL, p. 467-468). L'argumentation des § 6-10 de notre sermon résume celle de la *Question* 4 *De scientia Christi,* (V, 23b - 24a), dont voici un essai de traduction :

«Pour qu'il y ait connaissance certitudinale, il faut que notre esprit touche (*attingat*) d'une certaine manière les règles et les raisons immuables (qui sont écrites dans le livre de cette Lumière qu'on appelle la Vérité, comme dit Augustin, *De Trin.* XIV, 15, 21 ; *BA* 16, p. 402-403) ; c'est une exigence de la noblesse de la connaissance et de la dignité du sujet connaissant.

«La noblesse de la connaissance, dis-je, car il ne peut y avoir connaissance certitudinale, sans qu'il y ait immutabilité de la part de l'objet de la science et infaillibilité de la part du sujet de la science. Or la vérité créée n'est pas immuable simplement, mais de façon conditionnelle (*ex suppositione*), et pareillement la lumière de la créature n'est pas absolument infaillible en vertu de sa puissance propre, puisque les deux (vérité et lumière) sont créées et issues du non-être à l'être. Si donc l'on recourt pour la pleine connaissance à la Vérité absolument immuable et stable et à la Lumière absolument infaillible, il est nécessaire que l'on recoure en pareille connaissance à l'Art suprême comme à la Lumière et à la Vérité, la Lumière, dis-je, qui donne l'infaillibilité au sujet de la science, et la Vérité qui donne l'immutabilité à l'objet de la science. C'est pourquoi, étant donné que les choses ont trois modes d'être : dans l'esprit, dans leur genre propre et dans l'Art éternel, l'âme ne peut se contenter, pour la science certitudinale, de la vérité des choses en tant qu'elles ont l'être en elle-même, ou en tant qu'elles ont l'être dans leur genre propre, car des deux côtés elles sont muables ; il lui faut encore les toucher d'une certaine manière telles qu'elles sont dans l'Art éternel.

«C'est ausssi une exigence de la dignité du sujet de la science. En effet, puisqu'il y a dans l'esprit rationnel une partie supérieure de la raison et une partie inférieure, de même que la partie inférieure ne peut se passer de la supérieure pour accomplir son jugement délibératif dans l'ordre de l'action , de même pour accomplir son jugement dans l'ordre de la spéculation. Or cette partie supérieure est celle où se trouve l'image de Dieu, celle qui s'attache (*inhaerescit*) aux règles éternelles et, par elles, juge et détermine tout ce qu'elle détermine de manière certitudinale ; et cela lui revient en tant qu'elle est l'image de Dieu». (Autre traduction d'Éd.-H. WÉBER, *Saint Bonaventure, Questions disputées* ..., p. 103-104).

Les éditeurs de Quaracchi soupçonnaient une lacune au début du § 9 : «Videtur enim aliquid post *obscurari* excidisse, v. g. *sed ex parte veritatis, quae non potest falli nec obscurari*» (V, p. 569b, n. 9). Il peut aussi s'agir d'un simple raccourci. Cf. *Sermo* 49, 4 (éd. BOUGEROL, p. 468) : «Secundo ad hoc ut aliquis possit docere, requiritur certitudo et infallibilitas ex parte scientis, quae non potest esse ex ea luce quae potest offuscari ; et talis est lux intelligentiae creatae».

9. *La définition aristotélicienne de la science* (§ 6)

Aristote écrivait dans les *Analytica posteriora*, I, 2, 71b : « ᾽Επίστασθαι δὲ οἰόμεθ' ἕκαστον ἁπλῶς, ἀλλὰ μὴ τὸν σοφιστικὸν τρόπον τὸν κατὰ συμβεβηκός, ὅταν τήν τ'αἰτίαν οἰόμεθα γινώσκειν δι'ἣν τὸ πρᾶγμα ἐστιν, ὅτι ἐκείνου αἰτία ἐστί, καὶ μὴ ἐνδέκεσθαι τοῦτ' ἄλλως ἔχειν».

Cela donne dans la traduction de Jacques de Venise (entre 1125 et 1150) : «Scire autem opinamur unumquodque simpliciter, sed non sophistico modo qui est secundum accidens, cum causamque arbitramur cognoscere propter quam res est, quoniam illius causa est, et non est contingere hoc aliter se habere» (*Aristoteles latinus,* IV, 1-4, p. 7)

Dans le *Sermo* 49, 4 (éd. J.-G. BOUGEROL, p. 467, 62-65), Bonaventure invoque expressément l'autorité d'Aristote : «Omne enim quod scitur, secundum Philosophum, necessarium est in se sine mutabilitate et certum est ipsi scienti. Tunc enim scimus, cum causam arbitramur cognoscere propter quam res est et scimus quoniam ipsius est causa et quoniam impossibile est aliter se habere». Selon J.-G. BOUGEROL («Dossier pour l'étude des rapports entre saint Bonaventure et Aristote», *AHDLMA,* 40, 1973, p. 154-155), «les deux citations (de Bonaventure), sont conformes certes à la version de Jacques de Venise, mais leur lettre est proche des *Auctoritates Aristotelis*» : «Scire est causam rei cognoscere et quoniam illius est causa, et non contingit aliter se habere» (éd. J. HAMESSE, p. 311, n° 8).

Ce qu'il y a de particulièrement remarquable, c'est que la définition aristotélicienne de la science réclame l'appui de la thèse augustinienne du Verbe à la fois comme *Ars* et comme *Lux.*

10. Verbum, Ars, Ratio (§ 7)

La désignation du Verbe comme *Ars* provient d'Augustin et précisément des ouvrages que Bonaventure énumère aux § 8 et 10. *De uera religione,* 31, 57 (*BA* 8, p. 106) : «Nam haec est illa incommutabilis Veritas quae Lex omnium artium recte dicitur et *Ars omnipotentis Artificis*» ; *De Trinitate,* VI, 10, 11 (*BA* 15, p. 496-498) : «Verbum perfectum, cui non desit aliquid, et *Ars quaedam omnipotentis atque sapientis Dei plena omnium rationum uiuentium incommutabilium*» ; *De Trin.* VIII, 3, 5 (*BA* 16, p. 36-37) : «Non in se ipso nobis placet (animus) sed *in illa*

Arte qua factus est. Inde enim approbatur factus ubi uidetur faciendus. Haec est Veritas». Voir la NC : *La Sagesse, art de Dieu, BA* 6³, p. 567-570.

Éd.-H. WÉBER, a traduit *Ars* par "Savoir-faire", et s'en est expliqué de la sorte : «Le terme moderne "art"a perdu le sens de savoir technique (encore discernable dans l'expression"les arts et métiers", et peut-être dans "l'homme de l'art")» (*Saint Bonaventure, Questions disputées,* p. 54, n. 7). Je n'ai pas eu le courage de le suivre, en renonçant au jeu de mots qui est foncièrement, chez Bonaventure comme chez Augustin, jeu de pensée. L'essentiel est de comprendre que l'*Ars diuina* est le fondement de l'exemplarisme ou, peut-être mieux, de l'expressionnisme de Bonaventure. Il faut lire à ce sujet la thèse de J.-M. BISSEN, *L'exemplarisme divin selon saint Bonaventure,* surtout p. 106-121, ou le chapitre IV : «Les idées et la science divine», p. 119-134, de l'ouvrage d'É. GILSON, et l'appendice II : «L'expressionnisme de saint Bonaventure» ajouté par Éd.-H. WÉBER à sa traduction du *De scientia Christi,* p. 197-220.

Comme nous le lisions dans la citation que nous faisions de cet ouvrage, en NC 8, le Verbe, en tant qu'Art du Père, est à la fois Vérité et Lumière, principe de l'être, comme cause exemplaire dans laquelle les créatures ont leur être immuable, et principe du savoir, comme cause normative de la certitude intellectuelle. Cf. *In Hexaemeron,* coll. 1, 13 (V, p. 331b) : «Pater enim ab aeterno genuit Filium similem sibi et dixit se et similitudinem suam similem sibi et cum hoc totum posse suum ; dixit quae posset facere et maxime quae uoluit facere et *omnia in eo expressit,* scilicet in Filio seu in isto Medio tanquam *in sua Arte.* Vnde illud Medium Veritas est ; et constat, secundum Augustinum et alios sanctos, quod Christus habens cathedram in caelo docet interius ; nec aliquo modo aliqua ueritas sciri potest nisi per illam Veritatem. *Nam idem est principium essendi et cognoscendi.* Si enim scibile, in quantum scibile, secundum Philosophum, aeternum est, necesse est ut nihil sciatur nisi per Veritatem immutabilem, inconcussam, incoangustatam».

11. Les trois modes d'existence des choses (§ 7)

«Triplex est exsistentia rerum, scilicet in exemplari aeterno et in intellectu creato et in ipso mundo» (*I Sent.*, d. 36, a. 2, q. 2, concl. ; I, p. 625b). Ce schème de pensée est familier à Bonaventure : *Ibid.*, d. 36, a. 1, q. 1, concl. (I, p. 621) ; *II Sent.*, d. 3, p. 2, a. 2, q. 1, 6 (II, p. 118a) ; d. 13, a. 1, q. 1, concl. (II, p. 312b) ; *III Sent.*, d. 14, a. 3, q. 1, concl. (III, p. 320a) ; *De scientia Christi*, q. 4, concl. (V, p. 23b) ; *In Hexaemeron*, coll. I, n. 15 (V, p. 332a) ; coll. 3, n. 8 (V, p. 344) ; *Breuiloquium*, prol. 3 (V, p. 205) ; *Breu.*, p. 2, c. 12, n. 4 (voir plus bas NC *Vestige, image, similitude*) ; *Breu.*, p. 4, c. 6, n. 3 (trad. B. Carra de Vaux, p. 95) ; *Comm. Eccl.*, 5 (VI, 11) ; (VI, 34) ; *Sermo dom.* 49 (éd. J.G. Bougerol, p. 467-468) ; *Itinerarium*, c. I, n. 3 (éd. H. Duméry, p. 28-29). Bonaventure en est probablement redevable à son maître Eudes Rigaud (cf. J.-G. Bougerol, *S. Bonaventurae sermones dominicales*, p. 542).

Il s'agit encore de la systématisation d'un thème augustinien : Augustin écrivait, en effet, dans le *De Genesi ad litteram*, II, 8, 19 (*BA* 48, p. 174-175): «Une fois créée la lumière, par laquelle nous comprenons la formation de la créature raisonnable par la Lumière éternelle, lorsque nous entendons à propos de la création des autres êtres : "et dixit Deus : Fiat", comprenons que l'intention de l'Écriture est de revenir à l'éternité du Verbe de Dieu. Quand nous entendons, en revanche : "et sic factum est", comprenons que dans la créature intellectuelle s'est faite la connaissance de la raison présente dans le Verbe de Dieu, selon laquelle la créature a été constituée, de sorte que celle-ci fut d'une certaine façon d'abord créée dans cette nature qui, par une sorte de mouvement d'anticipation, a d'abord connu dans le Verbe même de Dieu la créature qui allait être faite ; enfin, lorsque nous entendons dire et répéter : "fecit Deus", comprenons que la créature elle-même est créée en son espèce». C'est, du reste, un texte que Bonaventure avait expliqué dans son commentaire des *Sentences* (III, p. 625). Voir J. Pépin, *Les deux approches,* p. 218.

La systématisation était accomplie dans le *De tribus rerum subsistentiis,* préface du *Didascalicon* de Hugues de Saint-Victor, dans une partie de la tradition manuscrite : «Tribus modis res subsistere habent : in actu, in intellectu, in mente diuina ...» (éd. C. H. Buttimer, Washington, 1939, p. 134 ; je dois ce renseignement à l'amabilité de Patrice Sicard ; qu'il en soit cordialement remercié).

12. *Les autorités augustiniennes (§ 8 et 10)*

Il semble que Bonaventure se soit constitué un dossier de citations d'Augustin relatives à l'action de Dieu dans la connaissance humaine, en préparant sa quatrième question disputée *De scientia Christi.* La plupart se retrouvent dans les § 8 et 10 de notre sermon.

J'ai naturellement respecté les textes du manuscrit *O.* Bonaventure fait ordinairement quelques coupures et autres aménagements dans les textes d'Augustin. Je les signale sommairement :

De lib. arb., II, 12, 33 (*BA* 63, p. 334-336) : la fin de la citation est abrégée ; Augustin avait écrit : «sed omnibus incommutabilia uera cernentibus tamquam miris modis secretum et publicum lumen praesto esse ac se praebere communiter».

De Trinitate, XIV, 15, 21 ; déjà cité dans *De scientia Christi,* qu. 4 (V, p. 17b - 18a). Les deux citations sont aménagées ; celle du sermon est plus fidèle au texte d'Augustin que voici : «Quibus ea tandem regulis iudicant (impii) nisi in quibus uident quemadmodum quisque uiuere debeat etiamsi nec ipsi eodem modo uiuant ? Vbi eas uident ? Neque enim in sua natura, cum procul dubio mente ista uideantur, eorumque mentes constet esse mutabiles, has uero regulas immutabiles uideat quisquis in eis et hoc uidere potuerit ; nec in habitu suae mentis cum illae regulae sint iustitiae, mentes uero eorum esse constet iniustas. Vbinam sunt istae regulae scriptae, ubi quid sit iustum et iniustus agnoscit, ubi cernit habendum esse quod ipse non habet ? Vbi ergo scriptae sunt, nisi in libro lucis illius quae ueritas dicitur unde omnis lex iusta describitur et in cor hominis qui operatur iustitiam non migrando sed tamquam imprimendo transfertur» (*CCL* 50 A, p. 450-451).

Le *De scientia Christi,* q. 4, permet de compléter deux des trois références générales indiquées à la fin du § 8 :

De uera religione, 30, 56 - 31, 57 (*BA* 8, p. 104-106) : «Satis apparet supra mentem nostram esse legem quae ueritas dicitur. Nec iam illud ambigendum est incommutabilem naturam, quae supra rationalem animam sit, Deum esse ; et ibi esse primam uitam et primam essentiam, ubi est prima sapientia. Nam haec est illa incommutabilis ueritas, quae lex omnium artium recte dicitur et ars omnipotentis artificis». (Cf. *De scientia Christi,* q. 4, 2 ; V, p. 17a).

Retractationes, I, 4, 4 (*BA* 12, p. 292) : «Credibilius est enim propterea uera respondere de quibusdam disciplinis etiam imperitos earum, quando bene interrogantur, quia praesens est eis, quantum id capere possunt, lumen rationis aeternae, ubi haec immutabilia uera conspiciunt ; non quia ea nouerant aliquando et obliti sunt, quod Platoni uel talibus uisum est». *Ibid.,* I, 8, 2 (p. 308) : «Fieri enim potest, sicut iam in hoc opere supra diximus, ut hoc ideo possit (anima), quia natura intelligibilis est et connectitur non solum intelligibilibus, uerum etiam immutabilibus rebus, eo ordine facta ut, cum se ad eas res mouet quibus connexa est uel ad se ipsam, in quantum eas uidet, in tantum de his uera respondeat».

Pour le livre VI *De musica,* les éditeurs de Quaracchi (V, p. 569a, n. 8) renvoient au chapitre 12. On y lit, en effet : «Quid tandem ? Illud nonne manifestum est eum qui, alio interrogante, sese intus ad Deum mouet ut uerum incommutabile intellegat, nisi eumdem motum suum memoria teneat, non posse ad intuendum illud uerum, nullo extrinsecus admonente, reuocari ?» (*De mus.,* VI, 12, 36 ; *BA* 7, p. 438).

Les textes d'Augustin cités au § 10 font également l'objet de quelques modifications ; les voici dans leur teneur originelle :

Soliloquia, I, 8, 15 (*BA* 5, p. 54) : «Sed terra, nisi luce illustrata, uideri non potest. Ergo et illa quae in disciplinis traduntur, quae quisquis intellegit, uerissima esse nulla dubitatione concedit, credendum est ea non posse intellegi, nisi ab alio quasi suo sole illustrentur. Ergo, quomodo in hoc sole tria quaedam licet animaduertere, quod est, quod fulget, quod illuminat, ita in illo secretissimo Deo quem uis intellegere tria quaedam sunt, quod est, quod intellegitur et quod cetera facit intellegi». Cf. *Sermo* 49, 4 (éd. J.-G. BOUGEROL, p. 468).

De Trinitate, XII, 15, 24 (*CC* 50 A, p. 377-378). Après avoir résumé et critiqué l'argument de PLATON, *Ménon* 81d - 84, Augustin écrit : «Sed potius credendum est mentis intellectualis ita conditam esse naturam ut rebus intelligibilibus, naturali ordine disponente conditore subiuncta, sic ista uideat in quadam luce sui generis incorporea, quemadmodum oculus carnis uidet quae in hac corporea luce circumadiacent, cuius lucis capax eique congruens est creatus». Cf. *De scientia Christi,* qu. 4, Sed contra 4 (V, p. 21a).

De libero arbitrio, II, 14, 38 (*BA* 63, p. 346) : «At illa ueritatis et sapientiae pulchritudo, tantum adsit perseuerans uoluntas fruendi, nec multitudine audientium constipata secludit uenientes nec peragitur tempore nec migrat locis nec nocte intercipitur nec umbra intercluditur nec sensibus corporis subiacet. De toto mundo ad se conuersis qui diligunt eam omnibus proxima est, omnibus sempiterna, nullo loco est, nusquam deest, foris admonet, intus docet, cernentes se commutat omnes in melius, a nullo in deterius commutatur, nullus de illa iudicat, nullus sine illa iudicat bene. Ac per hoc eam manifestum est mentibus nostris, quae ab ipsa una fiunt singulae sapientes et non de ipsa sed per ipsam de ceteris iudices, sine dubitatione esse potiorem». Cf. *De scientia Christi*, q. 4, 3 (V, p. 17a).

Ici encore les références générales données à la fin du § 10 peuvent être précisées à l'aide du *De scientia Christi*, q. 4. Pour le *De uera religione*, voir le texte cité plus haut.

De Trinitate, VIII, 3, 5 (*CC* L, p. 273-274) : «Tantum animus cum ita nobis placet ut eum omni etiam luci corporeae, cum bene intellegimus, praeferamus, non in se ipso nobis placet sed in illa arte qua factus est. Inde enim approbatur factus ubi uidetur faciendus. Haec est ueritas et simplex bonum». Cf. *De scientia Christi*, q. 4, 5 (V, p. 17b).

De magistro, 11, 38 (*BA* 63, p. 136) : «De uniuersis autem quae intellegimus, non loquentem qui personat foris, sed intus ipsi menti praesidentem consulimus ueritatem, uerbis fortasse ut consulamus admoniti. Ille autem qui consulitur docet, qui in interiore homine habitare dictus est Christus, id est incommutabilis Dei atque sempiterna sapientia. Quam quidem omnis rationalis anima consulit, sed tantum cuique panditur, quantum capere propter propriam siue malam siue bonam uoluntatem potest». Cf. *De scientia Christi*, q. 4, 1 (V, p. 17a).

La citation de *De Trinitate*, XII, 15, 24 est utilisée comme objection : «Ergo uidetur quod, sicut ad cognoscendum sensibilia sufficit lux naturae corporeae creata, similiter ad intelligibilia sufficiat lux spiritualis creata eiusdem generis cum potentia cognitiua» (trad. Éd.-H. Wéber, p. 96). On aura remarqué la substitution de *eiusdem generis* à *sui generis*. Bonaventure répond (V, p. 24a ; trad. Éd.-H. Wéber, p. 106) : «Ad illud quod obiicitur quod uidet *in luce sui generis,* dici potest quod large dicitur *lux sui generis* omnis lux incorporea, siue creata siue increata ; uel, si intellegatur de luce creata, per hoc non excluditur lux increata ; nec sequitur quod non cognoscamus in ueritate aeterna, sed quod non in illa sola, uerum etiam in lumine ueritatis creatae ; et hoc quidem uerum est nec obuiat positioni praedictae».

Il faut relire à ce sujet la note d'É. Gilson, *Introduction à l'étude de saint Augustin*, Paris, 2e éd., 3e tirage, 1982, p.

107, n. 1 : «On peut traduire "sui generis" par : d'un genre particulier, ou par : du même genre qu'elle. Nous croyons que la première traduction est la plus naturelle, et c'était déjà l'avis de l'augustinien Matthieu d'Aquasparta (*Quaest. disput.*, édit. Quaracchi, 1903 ; t. I, p. 243 et 264, ad 10m). Saint Thomas adopte la deuxième traduction (*De spiritualibus creaturis*, X, ad Praeterea), et les interprètes thomistes s'accordent généralement avec lui. Le problème est sans doute grammaticalement insoluble, mais il importe peu au fond de la question...». Au contraire, É. Gilson écrivait ailleurs cette rectification trop peu connue et qui vaut la peine d'être citée : «Lorsque ... saint Thomas tire (de la formule augustinienne) que, puisque cette lumière est *de genere animae*, elle est notre intellect agent, on voit bien encore pourquoi il peut le faire, et peut-être y croire, mais historiquement parlant, s'il y croit, il commet un contre-sens que son ignorance philosophique épargnerait, même de nos jours, à tout candidat normal au baccalauréat. Or l'historien n'est lui aussi qu'un traducteur et l'exactitude lui suffit ; il n'a pas besoin de profondeur ; il en faut, au contraire, pour former un tel contre-sens, et peut-être plus encore pour le commettre de bonne foi, mais toutes les profondeurs des philosophes ne feront pas une exactitude d'historien. Admettons, pour déférer à qui de droit, que cela est d'un autre ordre, et supérieur ; et c'est pourtant autre chose, et c'est pourquoi les plus beaux des augustinismes se distingueront toujours pour l'histoire de celui de saint Augustin» («Note conjointe de M. Gilson sur l'étude de saint Augustin», *L'Année Théologique*, 5, 1944, p. 325).

13. *Le Christ Vie et la connaissance contemplative* (§ 11-14)

Ce développement est fondé sur la distinction, tirée de *Ioh.* 10, 9, d'un double mouvement d'entrée (vers le Verbe incréé) et de sortie (vers le Verbe incarné), c'est-à-dire sur deux des trois formes du Verbe que Bonaventure distingue communément ; voir ci-dessus NC *Le Christ Voie et la connaissance de foi*. L'idée en est empruntée au *De spiritu et anima*, texte cité au §14 ; Bonaventure en trouve confirmation dans le *Psaume* 41, 5 : «Ingrediar...» (§ 12) et le *Cantique des cantiques*, 3, 11 : «Egredimini...» (§ 13). Mais il se représente aussi ces deux mouvements comme une montée et une descente (cf. § 14) ; c'est, je pense ce qui l'amène à y associer les hiérarchies dionysiennes : céleste (§ 12) et ecclésiastique (§ 13).

14. *La citation de Denys (§ 12)*

Le texte latin est très proche de la traduction de Jean Scot, *PL* 122, 1037-1038. J.-G. Bougerol, *Introduction*[1], p. 87-88, l'a mis en parallèles avec cette traduction, ainsi que celles de Jean Sarrazin et de Robert Grosseteste. Il incline à conclure à «l'existence d'une version partiellement originale dans la bibliothèque de saint Bonaventure» (p. 88), suivant en cela H.-F. Dondaine, *Le corpus dionysien de l'Université de Paris au XIIIe siècle*, Rome, 1953, p. 144, qu'il cite p. 90. Voir aussi J.-G. Bougerol, *Introduction*[2], p. 64, et : «Saint Bonaventure et la hiérarchie dionysienne», *AHDLMA*, 36, 1976, p. 131-167.

Bonaventure explique ailleurs que, selon Augustin et Denys, le Seigneur Jésus est le Maître principal («principalis instructor, magister et doctor») qui enseigne à la fois au ciel et sur la terre ; au ciel, les chœurs des anges et l'Église triomphante ; sur terre, l'Église militante (*Sermo 3 in dominica duodecima post Pentecosten* ; IX, p. 402-403).

15. *L'aliment des anges, le lait des petits (§ 12-13)*

Bien que l'autorité de Denys se substitue dans ces paragraphes à celle d'Augustin, il semble bien que Bonaventure se souvienne encore de ses lectures augustiniennes, lorsqu'il décrit le Verbe incréé comme aliment des anges (§ 12) et le Verbe incarné comme lait des petits (§ 13). C'est, en effet, un thème courant dans la prédication de l'évêque d'Hippone. Pour Augustin, le Verbe-Dieu est le pain des anges, suivant le *Psaume* 77 ; et le Verbe fait chair est le lait des petits, dont parle saint Paul et l'*Épître aux Hébreux* ; voir T. van Bavel, «L'humanité du Christ comme *lac parvulorum* et comme *via* dans la spiritualité de saint Augustin», *Augustiniana,* 7, 1957, p. 245-281 ; G. Madec, *La Patrie et la Voie. Le Christ dans la vie et la pensée de saint Augustin,* p. 155-165.

16. Le Christ, vrai Salomon (§ 13)

Bonaventure a pris la citation de *Cant.* 3, 11 pour thème du *Sermo* 20 (*in dominica in Palmis,* éd. J.-G. Bougerol, p. 272) qui débute ainsi : «Quoniam secundum beatum Augustinum, De ciuitate Dei, dicitur quae de Salomone dicuntur adeo conueniunt soli Christo, ut in illo sit figura obumbrata, in Christo ueritas repraesentata ...» (Même citation dans le *Sermo* 1, 9 (*de aduentu,* éd. J.-G. Bougerol, p. 136). On sait ainsi que Bonaventure est redevable de ce thème à Augustin, *De ciu. Dei,* XVII, 8, 2 (*BA* 36, p. 404-405), où il est précisé aussi : «Salomon quippe pacificus est latine» ; cf. *En. in ps.* 71, 1 (*PL* 36, 901-902) : «Vnde intelligitur etiam ipsum uocabulum Salomonis ad figuratam significationem adhibitum ut in eo Christus accipiatur ... Quoniam ergo inuenimus uerum Salomonem, hoc est uerum pacificum ...».

Mais Augustin n'a pas commenté *Cant.* 3, 11, selon A.-M. La Bonnardière, «Le Cantique des Cantiques dans l'œuvre de saint Augustin», *Revue des Études Augustiniennes,* 1, 1955, p. 225-237 (voir p. 232).

Selon Bède le Vénérable, *In cantica canticorum,* II, 3, 11 (*CCL* 119B, p. 242), le diadème signifie l'humanité du Christ : «In diademate quo coronauit eum mater sua, hoc est enim aperte dicere : uidete Dominum in humanitate quam de uirgine matre susceptam in maiestatis paternae dextera collocauit. Mater quippe sua illum diademate coronauit quando beata et intemerata uirgo de Spiritu sancto conci-

piens materiam illi sacrosanctae carnis de sua carne prae-
buit ...». On lit, de même, dans l'*Expositio in Cantica canticorum*, attribuée autrefois à CASSIODORE et restituée à
HAYMON DE HALBERSTADT : «Et uidete, inquit, regem Salomonem, hoc est uerum pacificum Christum, in diademate quo
coronauit eum mater sua ; ac si diceret : considerate Christum pro uobis carne indutum, quam carnem de carne
Virginis matris suae assumpsit. Diadema namque uocat
carnem quam Christus assumpsit pro nobis ... » (*PL* 70,
1071C).

Sur les épousailles du Christ et de l'Église, cf. AUGUSTIN,
In Iohannis euangelium tr. 8, 4 (*BA* 72, p. 474-475) :
«Verbum enim sponsus et sponsa caro humana et utrumque
unus Filius Dei et idem filius hominis ; ubi factus est caput
ecclesiae, ille uterus uirginis Mariae thalamus eius ...». Sur
l'Église comme nouvelle Ève, cf. *Ibidem*, 9, 10 (p. 530-
531) : «Dormit Adam ut fiat Eua, moritur Christus ut fiat
Ecclesia». Voir à ce sujet les NC de F.-M. BERROUARD :
L'incarnation et les fiançailles du Christ et de l'Église, et :
Mort du Christ et formation de l'Église, dans *BA* 72, p. 891-
893 ; p. 904-906.

17. Le De spiritu et anima (§ 14)

Cet ouvrage que Bonaventure intitule tantôt *De anima et
spiritu* (par exemple, I, p. 81a, p. 84a ; II, p. 671b) tantôt *De
spiritu et anima* (par exemple, II, p. 450a, p. 560a ; III, p.
783a), est une compilation pseudo-augustinienne très utilisée
au Moyen Âge, aujourd'hui communément attribuée à
Alcher de Clairvaux. Selon G. RACITI, «L'autore del "De
spiritu et anima", *Rivista di Filosofia neo-scolastica*, 53,
1961, p. 385-401, l'auteur pourrait être plutôt Pierre
Comestor († 1179). L'authenticité augustinienne en était déjà
discutée au début du XIIIᵉ siècle : J.-G. BOUGEROL, *Introduction*[2], p. 61. en donne deux témoignages. Albert le Grand
écrivait de son côté : «Sed alii dicunt quod Augustinus non
composuit hoc librum ; et ratio est quia in libro retrac-

tionum, ubi enumerat omnes libros suos, nihil dicit de illo»
(*Isagoge in librum de anima,* 2 ; éd. A. BORGNET, t.V, p.
508). Dans son commentaire des *Sentences,* dist. 8, F., art.
25 (éd. A. BORGNET, t. XXV, p. 257), Albert précisait qu'on
en peut récuser l'autorité en arguant qu'il n'est pas
d'Augustin, «sed cuiusdam Guillelmi cisterciensis qui multa
falsa dicit». Thomas d'Aquin également, *IV Sent.,* d. 44, q.
3, a. 2, ad 1. l'attribue à un moine cistercien et récuse son
autorité à plusieurs reprises. Bonaventure n'ignorait pas que
l'authenticité en était discutée : «Et hoc confirmare nituntur
per Augustinum in libro de anima et spiritu, ubi uidetur hoc
expresse dicere et sentire ; et si tu dicas quod liber ille non
est Augustini, per hoc non euaditur, quia hoc ipsum in libro
de trinitate dicit» (*II Sent.,* d. 24, p. 1, a. 2, q. 1, concl. ; II,
p. 560a) ; mais il le cite souvent en l'attribuant à Augustin.
Sur tout ceci voir L. NORPOTH, *Der pseudo-augustinische
Traktat : De spiritu et anima,* Philosophische Dissertation,
München, 1924, Köln - Bochum, 1971, p. p. 42-44 ; p. 61-
63 ; p. 159-164.

Patrice Sicard a bien voulu me signaler que le passage
cité par Bonaventure exploite HUGUES DE SAINT-VICTOR, *De
sacramentis,* I, 6, 5 (*PL* 176, 266B - 267A) : «Et positus est
in medio homo ut intus et foris sensum haberet, intus ad
inuisibilia, foris ad uisibilia ; intus per sensum rationis, foris
per sensum carnis, ut ingrederetur et contemplaretur, et
egrederetur et comtemplaretur, intus sapientiam, foris opera
sapientiae, ut utrumque contemplaretur et utrinque refice-
retur ; uideret et gauderet, amaret et laudaret. Sapientia
pascua intus erat, opus sapientiae pascua foris erat...». Il est,
du reste, probable que Bonaventure avait aussi ce texte en
tête ; car il y est question ensuite du livre écrit au-dedans et
au-dehors, comme dans la suite de notre sermon. Voir ci-
dessous la NC *Le Christ comme livre.*

18. Le Christ comme échelle (§ 14)

Le double mouvement d'entrée et de sortie n'est autre que celui de l'ascension et de la descente que les anges accomplissaient sur l'échelle que Jacob vit en songe, selon *Gen.* 28, 12, et au-dessus du Fils de l'homme, selon *Ioh.* 1, 51. Bonaventure écrit à ce propos dans son *Commentaire de l'Évangile de Jean,* 1, 98 (VI, p. 267) : «Ad litteram angeli ad ipsum (Iesum) descenderunt, secundum quod dicitur Matthaei quarto (11) : "accesserunt angeli et ministrabant ei" ; spiritaliter uero, ut dicit Augustinus, quod dictum est Nathanaeli modo impletur in christianis, quia, postquam Deus homo ascendit, credentibus in eum aperitur aditus caeli, et uident angelos, id est praedicatores, ascendentes dum arcana deitatis considerant, et descendentes dum humana de eo praedicant. Ista uisio signata est, Genesis uigesimo octauo, ubi dicitur quod Iacob uidit Dominum innixum scalae et angelos ascendentes et descendentes». Voir Augustin, *In Iohannis euangelium tr.* 7, 23 (*BA* 72, p. 458-463) et l'étude de M.-F. Berrouard, «Saint Augustin et le ministère de la prédication. Le thème des anges qui montent et qui descendent», *Recherches Augustiniennes,* 2, 1962, p. 447-501.

Voir aussi *Comm. in euangelium Lucae,* 9, 59 (VII, p. 235b) : «Propter istos duos modos contemplandi factus est duplex liber, scripturae et creaturae, qui designantur in ascensu et descensu per scalam Iacob, Genesis XXVIII, per egressum et ingressum per ostium, Ioannis X ...» ; *Ibidem,* 24, 6 (p. 588b) : «Haec scala Christus est» ; *Itinerarium,* 1, 3 (éd.., trad. H. Duméry, p. 28-29) : «in Christo qui est scala nostra» ; 4, 2 (p. 72-73) : «scala reparans priorem scalam quae fracta fuerat in Adam» ; 7, 1 (p. 100-101) : «Christus est uia et ostium, Christus est scala et uehiculum». Voir J. Pépin, *Les deux approches,* p. 213.

Sur la fortune générale de ce symbole dans l'histoire de la spiritualité chrétienne, voir É. Bertaud et A. Rayez,

«Échelle spirituelle», *Dictionnaire de spiritualité*, 4, col. 62-86.

19. Le Christ comme livre (§ 14)

Selon le *Breuiloquium,* 2, 11, 2 (éd., trad. T. MOUIREN, p. 118-119), «il y a un livre écrit au-dedans, c'est l'Art et la Sagesse éternelle de Dieu, et un livre écrit au-dehors, le monde sensible. Entre l'ange qui lit le premier grâce à son sens intérieur, et l'animal qui n'a que le sens extérieur, la perfection de l'univers exigeait qu'il y ait une créature douée de ces deux sens pour la connaissance de ce livre écrit au-dedans et au-dehors, c'est-à-dire de la Sagesse et de son œuvre. Et, puisque dans le Christ sont unies en une seule personne la Sagesse éternelle et son œuvre, il est appelé le livre écrit au-dedans et au-dehors (Cf. *Ezech.* 2, 9 ; *Apoc.* 5, 1) pour la restauration du monde».

C'est un résumé de ce qu'écrivait HUGUES DE SAINT-VICTOR, *De sacramentis,* I, p. 6, 5 (*PL* 176, 266B - 267A) : «...Sapientia liber erat scriptus intus, opus sapientiae liber erat scriptus foris. Voluit autem postea adhuc aliter scribi foris Sapientia ut manifestius uideretur et perfectius cognosceretur ... Assumpsit carnem, non amittens diuinitatem, et positus est liber scriptus intus et foris : in humanitate foris, intus in diuinitate, ut foris legeretur per imitationem, intus per contemplationem, foris ad sanitatem, intus ad felicitatem, foris ad meritum, intus ad gaudium ; intus : In principio erat Verbum, foris : Verbum caro factum est et habitauit in nobis ...».

Bonaventure disait encore : «Liber Sapientiae est Christus, qui scriptus est intus apud Patrem, cum sit Ars omnipotentis Dei, et foris, quando carnem assumpsit. Iste liber non est apertus nisi in cruce. Istum librum debemus tollere ut intellegamus arcana sapientiae Dei» (*Sermo* 2 *in feria sexta in Parasceue* ; IX, p. 263b).

«Haec autem profunda mysteria in Scriptura nullus intellegit nisi per Christum crucifixum et suscitatum et gentibus per Spiritum sanctum diuulgatum, quia de ipso sunt Scripturae et propter ipsum ; et ideo ab eo explicantur. Vnde in Apocalypsi dicitur quod leo suscitatus et agnus occisus aperuit librum ...» (*Comment. in euangelium Lucae,* 24, 58 ; VII, p. 601b).

Sur l'ensemble de la symbolique bonaventurienne du livre, voir *Lexique Saint Bonaventure,* p. 91-92 ; W. RAUCH, *Das Buch Gottes. Eine systematische Untersuchung des Buchbegriffes bei Bonaventura,* München, 1961 ; G. A. ZINK, «Book and Word. The Victorine Background of Bonaventura's Use of Symbols», *S. Bonaventura, 1274-1974,* II, p. 143-169.

20. *La foi et l'intelligence (§ 15)*

Augustin avait déjà disserté sur les deux traductions d'*Isaïe,* 7, 9 : «Nisi credideritis, non intellegetis» ou «non permanebitis» : «Quelle est la traduction littérale ? C'est douteux, si on ne lit pas les exemplaires du texte original. Toutefois, pour les lecteurs avertis, une idée importante se dégage des deux traductions ; car il est improbable que les traducteurs divergent au point de ne pas voisiner par quelque affinité. Donc, puisque l'intelligence dans la vision est éternelle, tandis que la foi nourrit comme avec du lait les enfants dans ces sortes de berceaux que sont les choses temporelles, puisque maintenant nous marchons par la foi et non par la vision, et puisque, si nous ne marchions pas par la foi, nous ne pourrions parvenir à la vision qui ne passe pas, mais qui demeure grâce à l'intelligence purifiée qui nous unit à la Vérité, c'est pourquoi l'un dit : "Si vous ne croyez pas, vous ne demeurerez pas", et l'autre "Si vous ne croyez pas, vous ne comprendrez pas"» (*De doctrina christiana,* II, 12, 17 ; *BA* 11, p. 262-263).

Le programme bonaventurien se situe bien dans la ligne de l'intelligence augustinienne de la foi ; il s'en réclame, du reste, expressément par la citation de *De Trinitate*, I, 2, 4 : «humanae mentis acies inualida est in tam excellenti luce non figitur, nisi per iustitiam fidei nutrita uegetur». Il convient de noter ici qu'à la suite de Pierre Lombard, *Sentences*, I, d. 2, c. 1 (éd. de Quaracchi, 1971, p. 61), Bonaventure substitue régulièrement «emundetur» aux deux derniers mots de la citation. Par exemple : *De scientia Christi*, q. 4, obi. 2 (V, p. 21a) et resp. 2 (p. 24b) ; *In Hexaemeron*, coll. 3, n. 10 (V, p. 345a). Ce qui a pour effet d'accentuer l'action purifiante de la foi, en rapport avec la condition présente, suite du péché originel. Voir ci-dessus NC *Les degrés du savoir chrétien*, p. 77-79.

21. Sancti - Philosophi (§ 15)

L'ouvrage d'Étienne Gilson : *La philosophie de saint Bonaventure*. a provoqué un débat auquel Fernand Van Steenberghen a vivement pris part et dont il a longuement rendu compte, en dernier lieu dans *La philosophie au XIII*e *siècle*, p. 190-271. Voir aussi Christian WENIN, «La connaissance philosophique d'après saint Bonaventure», *L'homme et son destin*, p. 485-494 ; Jean CHÂTILLON, «Saint Bonaventure et la philosophie», *D'Isidore de Séville à Saint Thomas d'Aquin, Variorum Reprints*, XII, 15 p. ; J. RATZINGER, *La théologie de l'histoire de saint Bonaventure*, p. 137-153 : «La controverse moderne sur l'anti-aristotélisme de Bonaventure».

Selon F. Van Steenberghen (p. 211 et 235), Bonaventure entend par philosophie : «le savoir rationnel tel que le pratiquent les penseurs païens en dehors du christianisme et les penseurs chrétiens à la Faculté des arts». Je me garderai de décider si ces derniers sont visés à travers les *philosophi* évoqués dans notre sermon. F. Van Steenberghen ajoute : «Dans les *Sentences*, Bonaventure cite fréquemment les *philosophi* comme autorités à côté des *sancti* (les Pères) et des *doctores catholici* (les théologiens)» (p. 211). Mais ici il les oppose, comme on le faisait volontiers avant lui, d'après

F. Van Steenberghen (p. 170), qui, dans le cas, ne donne malheureusement pas de référence.

É. Gilson estimait, de son côté, que «saint Bonaventure conçoit clairement la distinction formelle de la foi et de la raison» : «La philosophie proprement dite est pour lui comme pour tout le monde la connaissance des choses que l'homme peut acquérir au moyen de la seule raison» (p. 78). Mais «la spécificité de la connaissance rationnelle une fois posée, il reste à déterminer son degré de suffisance, et c'est là le vrai problème qui a préoccupé saint Bonaventure. Le fait que la raison comme telle est distincte de la foi n'empêche pas que la seule démarche légitime et sûre de la connaissance, à moins qu'elle ne fonctionne formellement et comme à vide, ne consiste à partir de la foi pour traverser la lumière de la raison et parvenir à la suavité de la contemplation. De là résulte une conception toute particulière de la philosophie, comme une doctrine essentiellement médiatrice, une voie vers autre chose, un lieu de passage. Prise entre la foi pure et la science théologique, elle est condamnée aux plus graves erreurs si elle se prend comme un absolu, et incapable de s'achever si elle n'accepte pas les secours d'une discipline supérieure ...» (p. 97).

Il faut, en effet, observer que l'opposition des *philosophi* et des *sancti* ne recouvre pas exactement la dictinction de la philosophie et de la théologie, telle que Bonaventure la présente, par exemple, dans le *Breuiloquium,* Prol. 3, 2 (éd., trad. J.-G. BOUGEROL, p. 102-103) : «philosophia quidem agit de rebus, ut sunt in natura seu in anima secundum notitiam naturaliter insitam uel etiam acquisitam ; sed theologia, tamquam scientia supra fidem fundata et per Spiritum sanctum reuelata, agit et de eis quae spectant ad gratiam et gloriam et etiam ad sapientiam aeternam». Dans le sermon, il s'agit bien de l'opposition de deux pratiques, celle des *sancti* qui se conforme à la dynamique du savoir chrétien, et celle des *philosophi* qui est vouée à l'échec, parce qu'elle se ferme sur elle-même.

22. Vestige, image, similitude (§ 16)

Cette trilogie fait l'objet d'un exposé synthétique dans le *Breviloquium*, II, cap. 12, 1-3 (trad. T. Mouiren, p. 123-125). En voici une paraphrase légèrement résumée.

Le monde créé est comme un livre où se trouve reflétée, représentée et lue la Trinité créatrice selon trois niveaux d'expression, à savoir par mode de vestige, d'image ou de similitude : le statut de vestige (*ratio uestigii*) se trouve dans toutes les créatures ; le statut d'image dans les seuls esprits intellectuels ou rationnels ; le statut de similitude dans les seuls esprits déiformes. Par ces niveaux, comme par les degrés d'une échelle, l'intelligence humaine est apte (*natus est*) à monter graduellement jusqu'au principe suprême qui est Dieu.

Ceci parce que toutes les créatures se rapportent à Dieu, soit comme au principe de la création (*ad principium creatiuum*), soit comme à l'objet de la motion (*ad obiectum motiuum*), soit comme au don de l'inhabitation (*ad donum inhabitatiuum*). En tant qu'elle a Dieu pour principe, la créature lui est configurée selon l'unité, la vérité et la bonté ; en tant qu'elle l'a pour objet, elle le contient (*capiat*) par la mémoire, l'intelligence et la volonté ; en tant qu'elle l'a comme don infus, elle lui est configurée par la foi, l'espérance et la charité.

L'esprit rationnel tient donc le milieu ; la première conformité lui est inférieure, la seconde intérieure, la troisième supérieure. Et c'est pourquoi dans l'état d'innocence, lorsque l'image n'était pas ternie mais rendue déiforme par la grâce, le livre de la création suffisait, dans lequel l'homme pouvait s'exercer à regarder la lumière de la Sagesse divine, pour devenir sage au point de voir toutes choses en lui-même, dans leur genre propre et dans l'Art, conformément au triple être des choses, c'est-à-dire dans le monde matériel ou leur nature propre, dans l'intelligence créée et dans l'Art éternel, les trois modes qui correspondent à ce que dit l'Écriture : *Dieu dit : que ce soit fait ; il fit ; et ce fut fait.*

C'est pour ces trois vues que l'homme a reçu trois sortes d'yeux, comme le dit Hugues de Saint-Victor, à savoir les yeux de la chair, de la raison et de la contemplation ... (*De sacramentis* I, p. 10, c. 2 ; *PL* 176, 329c). Il s'agit là d'une modification de la distinction augustinienne des trois vues, corporelle, imaginative, intellectuelle, développée au livre XII du *De Genesi ad litteram,* que Bonaventure connaît également ; cf. par exemple, *In Hexaemeron,* coll. 3, 23, évoquée ci-dessus, NC *Le Christ Voie et la connaissance de foi.*

Il y a donc trois ordres de conformité à Dieu, ceux de la nature, de l'esprit et de la grâce, fondés sur les trois modes de coopération de Dieu, Principe de l'être, du savoir et de l'agir, suivant la triade augustinienne de *De ciuitate Dei,* VIII, 4, que Bonaventure cite à la fin de ce paragraphe (Voir NC suivante).

L'âme est image de Dieu, du fait qu'elle est susceptible de contenir Dieu, comme l'enseigne AUGUSTIN, *De Trinitate,* XIV, 8, 11 (*BA* 16, p. 374-375) : «Eo quippe ipso imago eius est quo eius capax est eiusque particeps esse potest» ; Bonaventure précise par la connaissance et l'amour. Augustin poursuivait, en effet : «Ecce ergo mens meminit sui, intellegit se, diligit se ; hoc si cernimus, cernimus trinitatem, nondum quidem Deum, sed iam imaginem Dei» ; et plus loin (XIV, 12, 15 ; p. 386-387) : «Haec igitur trinitas mentis, non propterea Dei est imago, quia sui meminit et intellegit ac diligit se, sed quia potest etiam meminisse et intellegere et amare a quo facta est...». «Après Augustin ..., Bonaventure affirme que l'âme humaine ne devient image de Dieu au sens plein qu'au moment où mémoire, intelligence et volonté "se tournent vers Dieu et se conforment à lui", c'est-à-dire précisément lorsqu'elles prennent Dieu lui-même comme objet de leur opération (*I Sent.* dist. 3, p. 2, a. 1, q. 2, concl. ; II, p. 83b). L'âme est donc image *actuelle* lorsqu'elle se souvient de Dieu, le connaît et l'aime ; si elle se prend elle-même pour objet, elle n'est qu'une image potentielle. Pour reprendre les formules d'Augustin, dans le premier cas elle

est *particeps Dei,* dans le second seulement *capax Dei*»
(Aimé Solignac, «"Memoria" chez saint Bonaventure»,
Bonaventuriana, vol. 2, p. 480 ; voir aussi, du même,
«L'homme image de Dieu dans la spiritualité de saint
Bonaventure», *Contributi di spiritualità bonaventuriana,*
vol. 1, p. 77-101).

En précisant «per cognitionem et amorem», Bonaventure pense aussi probablement à la distinction entre
imago et *similitudo,* telle qu'on la trouve chez Hugues de
Saint-Victor, *De sacramentis* , I, 6, 2 (*PL* 176, 264) :
«Factus est homo ad imaginem et similitudinem Dei, quia in
anima ... fuit imago et similitudo Dei ; imago secundum
rationem, similitudo secundum dilectionem ; imago secundum cognitionem ueritatis, similitudo secundum amorem
uirtutis». Cf. *De spiritu et anima,* 10 (*PL* 40, 786) : «Ille
spiritus dicitur factus ad imaginem et similitudinem Dei, in
quo est cognitio ueritatis et amor uirtutis. Imago siquidem
est in cognitione et similitudo in dilectione» ; cf. Bonaventure, *II Sent.,* dist. 16, q. 3, 1 (II, p. 404a) ; *III Sent.,* dist.
26, a. 2, q. 5, 4 (III, p. 580b).

La trilogie : vestige, image, similitude, se retrouve comme structure de base dans l'*Itinerarium* : l'âme contemple
Dieu «extra se per uestigia et in uestigiis, intra se per imaginem et in imagine, supra se per diuinae lucis similitudinem
super nos relucentem et in ipsa luce» (7, 1). Voir le commentaire de J. Pépin, *Les deux approches,* p. 214 s.

L'argumentation se retrouve dans le *De scientia Christi,*
q. 4 (V, 24a). Voir la traduction d'Éd.-H. Wéber, *Questions
disputées,* p. 104. P. 121, n. 58, Éd.-H. Wéber laisse entendre qu'il s'agit d'une «doctrine constante d'Augustin, qui
nomme "vestige" le mode le plus humble de ressemblance
avec Dieu, celui qu'offrent le monde matériel et l'homme
"extérieur", et "image" le mode supérieur au précédent,
présenté par l'homme "intérieur" et notamment son âme
spirituelle». En réalité, Augustin n'a pas thématisé la
distinction. La plupart des occurrences de *uestigium* dans le

De Trinitate concernent les traces de la perception sensible dans la mémoire (X, 8, 11 ; XI, 2, 3 ; XIV, 3, 5 ; XIV, 8, 11 ; XIV, 9, 12) ; il n'y en a que deux, sauf erreur, qui touchent à la Trinité : VI, 10, 12 (*BA* 15, p. 498-499) : «Oportet igitur ut Creatorem, per ea quae facta sunt, intellecta conspicientes, Trinitatem intellegamus cuius in creatura, quomodo dignum est, apparet uestigium» ; XI, 1, 1 (*BA* 16, p. 160-161) : «Nitamur igitur si possimus in hoc quoque exteriore indagare qualecumque uestigium Trinitatis».

23. *Ratio intelligendi (§ 17-18)*

Dans le *De ciuitate Dei,* VIII, 4 (*BA* 34, p. 244), Augustin créditait les platoniciens d'une théologie selon laquelle Dieu est «Causa subsistendi et Ratio intellegendi et Ordo uiuendi», suivant les trois parties de la philosophie, physique, logique et éthique. F.-J. THONNARD a commenté le début de ce livre VIII du *De ciuitate Dei,* dans une NC qu'il a intitulée : «Une synthèse de philosophie chrétienne» (*BA* 34, p. 595-599) ; mais il précise, en commençant, qu'il s'agit bien, dans l'esprit d'Augustin, d'un résumé de la *philosophie platonicienne* ; et il conclut qu'«en interprétant à sa manière, si originale et si profonde, la division tripartite traditionnelle, (Augustin) nous invite à voir en ces pages une vraie synthèse de *philosophie augustinienne*» (p. 599). C'est probablement ainsi que Bonaventure l'a compris. Il cite la triade de *De ciu. Dei,* VIII, 4, une dizaine de fois. J.-G. BOUGEROL donne les références dans *Introduction*[1], p. 230-231, n. 1, en notant que les disciples de Bonaventure, Matthieu d'Aquasparta, Jean Peckam, Roger Marston, en feront état à leur tour ; il précise dans *Introduction*[2], p. 234, n. 16, que cette citation se trouve déjà dans la *Summa fratris Alexandri,* I, p. 363.

Ratio intellegendi : je me suis contenté de franciser la formule, faute d'en trouver un équivalent satisfaisant. J.-M. BISSEN la glose comme ceci : «Dieu est pour l'intelligence la *ratio intelligendi* suprême, la source créatrice de l'esprit, et le foyer illuminateur de toutes ses opérations» (*L'exemplarisme divin*, p. 175). Cf. *De donis Spiritus sancti*, coll. 8, 15 (V, p. 497b) : «Secundum quod (Deus) est Ratio intellegendi, intrat in animam ut Sol intelligentiae».

Le § 18 résume l'argumentation de la *Quaestio* 4 du *De scientia Christi*, q. 4, dans laquelle Bonaventure s'est appliqué à préciser le mode de l'action illuminatrice du Verbe dans la connaissance certitudinale :«De même que Dieu est Cause de l'être, de même il est Raison de l'intelligence et Ordre de la vie ; mais Dieu est Cause de l'être de telle façon qu'une cause quelconque ne peut rien effectuer, sans que Dieu, par lui-même et sa puissance éternelle, ne meuve le sujet qui agit. Donc rien ne peut être compris, sans que Dieu lui-même, par sa vérité éternelle, n'illumine immédiatement le sujet qui comprend» (V, p. 19 ; autre traduction d'É.-H. WÉBER, p. 92). Je paraphrase la suite.

Le concours de la Lumière éternelle dans la connaissance certitudinale n'est ni total ni exclusif ; autrement il n'y aurait de connaissance des choses que dans le Verbe ; il n'y aurait donc pas de différence entre la connaissance en ce monde et la connaissance dans la béatitude (*non differret cognitio uiae a cognitione patriae*), entre la connaissance des choses dans leur genre propre et leur connaissance dans le Verbe, entre la science et la sagesse, entre la nature et la grâce, entre la raison et la révélation.

Le concours de la Raison éternelle n'est pas, non plus de simple influence, comme si le sujet connaissant dans son acte de connaissance atteignait, non pas la Raison éternelle elle-même, mais seulement son influx. Cette explication est insuffisante, selon Augustin qui montre en termes exprès et argumentés que l'esprit dans la connaissance certitudinale doit être réglé par des règles immuables et éternelles, et cela non par une simple disposition de son esprit, mais par des règles qui sont au-dessus de lui dans la Vérité éternelle (*non tamquam per habitum mentis suae, sed tamquam per eas quae sunt supra se in ueritate aeterna*). Affirmer le contraire serait prétendre qu'Augustin s'est trompé, car il n'est pas facile d'interpréter ses témoignages (*auctoritates*) en ce sens ; et ce serait trop absurde, s'agissant d'un Père si grand, du docteur le plus autorisé parmi tous les commentateurs de la sainte Écriture (*de tanto patre et doctore maxime authentico inter omnes expositores sacrae scripturae*).

Du reste, ou bien cet influx de la Lumière est d'ordre général, comme Dieu l'exerce dans toutes les créatures, ou bien il est d'ordre spécifique, comme Dieu l'exerce par la grâce ; dans le premier cas, Dieu ne serait le donateur de la sagesse qu'au sens où il est le fécondateur de la terre ; dans le second cas, toute connaissance serait infuse et aucune ne serait acquise ou innée.

Il faut donc tenir une voie moyenne, à savoir que la connaissance certitudinale requiert la Raison éternelle comme principe régulateur et raison motrice (*ut regulans et ratio motiua*), non pas seule et dans sa clarté totale, mais avec la raison créée et en tant que nous la voyons partiellement, conformément à notre condition présente (*non quidem ut sola et in sua omnimoda claritate, sed cum ratione creata et ut ex parte* (cf. *1 Cor.* 13, 12) *a nobis contuita secundum statum uiae*).

Et c'est bien ce qu'Augustin insinue dans le *De Trinitate*, XIV, 15, 21 (*BA* 16, p. 402-403) : «L'impie est rappelé, afin qu'il se retourne vers le Seigneur comme vers cette Lumière qui le touchait de quelque manière (*quodam modo tangebatur*), alors même qu'il s'en était détourné ; car de là vient que les impies eux-mêmes pensent à l'éternité, qu'ils reprennent justement et louent justement bien des comportements dans la conduite des hommes». Et Augustin ajoute au même endroit qu'ils font cela grâce aux règles qui «sont écrites dans le livre de cette Lumière qu'on appelle la Vérité». (Voir la traduction du passage que je viens de résumer, par Éd.-H. WÉBER, *Questions disputées,* p. 101-103).

Le *De scientia Christi*, q. 4, 26 (V, p. 20a), permet aussi de comprendre en quel sens la connaissance certitudinale est droite (*certitudinalis et recta*, § 1). En effet : «Il n'est rien qui puisse être connu de manière droite et certitudinale sans application de la règle qui ne peut absolument pas être tordue (*nihil recte et certitudinaliter cognoscitur, nisi applicetur ad regulam quae nullo modo potest obliquari*) ; or cette règle n'est autre que celle qui est la Droiture par essence ; et celle-ci n'est autre que la Vérité et la Raison éternelle ; donc il n'est rien qui soit connu de manière certitudinale sans application à la Règle éternelle».

L'argumentation de Bonaventure sur le concours divin dans la connaissance certitudinale consiste, en somme, à le distinguer de celui dont on bénéficiera dans la vision béatifique (cf. § 18, la citation de *1 Cor*. 13, 12). Bonaventure n'était pas «ontologiste». Selon É. Gilson, «la lumière divine est donc pour nous un moyen de connaître et non un objet de connaissance». Il s'agirait de l'«appréhension indirecte par la pensée d'un objet qui nous échappe, mais dont la présence est en quelque sorte impliquée dans celle des effets qui en découlent» et qui recevrait «dans la doctrine de Bonaventure le nom de *contuitus*. Une intuition serait précisément la vue directe de Dieu qui nous est refusée ; une contuition, au sens propre, n'est que l'appréhension dans un effet perçu de la présence d'une cause dont l'intuition nous fait défaut ; la lumière divine ne peut donc être immédiatement perçue, bien qu'elle agisse sur nous immédiatement...» (*La philosophie de saint Bonaventure,* p. 322-323). É. Gilson a renoncé (*Ibid.*, p. 412) à cette distinction, à la suite de l'article de J.-M. BISSEN, «De la contuition», *Études franciscaines,* 46, 1934, p. 559-569.

Le problème a été repris, du point de vue augustinien, par F. CAYRÉ, «La contuition et la vision médiate de Dieu d'après saint Augustin», *Ephemerides theologicae lovanienses,* 6, 1929, p. 23-39 ; p. 205-229 ; du point de vue bonaventurien, par R. SCIAMANNINI, *La contuizione bonaventuriana,* Firenze, 1957 ; L. IAMMARONE, «La contuizione bonaventuriana», *Miscellanea francescana,* 58, 1958, p. 36-42 ; G. SOLERI, «La contuizione di Dio in S. Bonaventura», *Aquinas,* 2, 1959, p. 323-353. Voir *Bulletin de théologie ancienne et médiévale,* 8, 1959, p. 518-519.

Contre É. Gilson, B. ROSENMÖLLER (*Religiöse Erkenntnis nach Bonaventura, BPTAM* 25, 3-4, Münster, 1925) a soutenu que le Verbe n'est pas seulement le *medium quo,* mais aussi l'*obiectum quod* de la connaissance certitudinale. A. GERKEN (*La théologie du Verbe,* p. 114-123) s'est appliqué à résoudre le différend à l'aide de notre sermon (§ 18) : «L'expression "obiectum" s'oppose à l'interprétation de Gilson. D'après Bonaventure, Dieu, en tant que "ratio" de toute connaissance, est réellement "objet" de l'esprit, mais non pas "nude et aperte", non pas explicitement, mais implicitement. Source qui accompagne et rend possible la connaissance ("ratio *motiua*"), Dieu est présent à la conscience du sujet connaissant, il est l'*a priori* qui l'envahit et l'étreint. Toute connaissance vit de lui et par lui, et l'esprit est *implicitement* conscient, dans chaque démarche de la connaissance, que toute son intelligence tend finalement à s'approcher de ce principe dispensateur de vérité» (p. 120).

A. SOLIGNAC («Connaissance humaine et relation à Dieu selon saint Bonaventure (*De sc. Chr.,* Q. 4)», *S. Bonaventura,* III, p. 393-405) envisage une solution plus simple : «L'affirmation d'une atteinte réelle, quoiqu'indirecte et obscure, des raisons éternelles n'a pas pour unique but de justifier les textes d'Augustin ; en réalité, elle résulte de la doctrine de l'*image de Dieu,* qui est le fondement dernier de la thèse bonaventurienne ... Les créatures raisonnables, qui sont image par nature, sont relatives à Dieu *ut ad obiectum* (*De scientia Christi,* q. 4 ; V, p. 24a) : il n'est pas question ici d'un objet de connaissance, mais d'un *objet qui se reflète* dans le sujet connaissant lequel, par ce reflet même, devient miroir et image de son modèle. À l'action de la créature qui a raison d'image, Dieu coopère *per modum rationis mouentis.* On doit, semble-t-il, interpréter cette formule en voyant dans cette *ratio mouens* l'influx du modèle divin sur son image, influx dynamique et dynamisant ...» (p. 399). On pourra lire aussi, à la suite de cet article, ceux de P. Mateos de Zamayon, «Teoria del conocimiento según san Buenaventura. La iluminación» (p. 407-430) ; et de T. Crowley, «Illumination and Certitude» (p. 431-448).

24. La genèse de la connaissance selon Aristote (§ 18)

Le fait que l'âme soit liée aux lois éternelles, comme le dit Augustin (*De libero arbitrio,* III, 5, 13 ; *BA* 6³, p. 408-409) n'empêche pas que la connaissance soit aussi acquise à partir des données de l'expérience ; et sur ce point il faut faire droit à la part de vérité enseignée par Aristote.

Pas de pensée sans image : *De anima,* III, 7, 431a14 : «Τῇ δὲ διανοητικῇ ψυχῇ τὰ φαντάσματα διον αἰσθήματα ὑπάρχει ... Διὸ οὐδέποτε νοεῖ ἄνευ φαντάσματος ἡ ψυχή». «Necesse est quemcumque intelligentem phantasmata speculari», dans les *Auctoritates Aristotelis* (éd. J. Hamesse, p. 188, n° 167).

Perdre un sens, c'est perdre une science : *Analytica posteriora,* I, 18, 81a : «Φανερὸν δὲ ὅτι, εἴ τις αἴσθησις ἐκλέλοιπεν, ἀνάγκη καὶ ἐπιστήμην τινὰ ἐκλελοιπέναι». Dans la traduction de Jacques de Venise : «Manifestum autem est et si aliquis sensus defecerit, necesse est et scientiam aliquam deficere» (*Aristoteles latinus,* IV, 1-4, p. 40). Cf. *Auctoritates Aristotelis* : «Si aliquis sensus defecerit, necesse est scientiam illius sensus deficere» (éd. J. Hamesse, p. 317, n° 70). Cf. *De scientia Christi,* q. 4, obi. 9 (V, p. 21b).

La mention des espèces et de leur réception fait allusion à la théorie des deux intellects : *De anima,* III, 5, 430a10ss. : «' Επεὶ δ' ὥσπερ ἐν ἀπάσῃ τῇ φύσει τι τὸ μὲν ὕλη ἑκάστῳ γένει (τοῦτο δὲ ὃ πάντα δυνάμει ἐκεῖνα), ἕτερον δὲ τὸ αἴτιον καὶ ποιητικόν, ὅτῳ ποιεῖν πάντα, οἷον ἡ τέχνη πρὸς τὴν ὕλην πέπονθεν, ἀνάγκη καὶ ἐν τῇ ψυχῇ ὑπάρχειν ταύτας τὰς διαφοράς. Καὶ ἔστιν ὁ μὲν τοιοῦτος νοῦς τῷ πάντα γίνεσθαι, ὁ δὲ τῷ πάντα ποιεῖν ...». Cf. *Auctoritates*

Aristotelis : «Sicut in omnium rerum natura est aliquod quod potest primo fieri et facere omnia illius generis, sic etiam in anima est necesse haec duo esse, *unum secundum quod potest fieri omnia intelligibilia et recipere ea, et hoc est intellectus possibilis,* aliud uero quod potest facere omnia intelligibilia, et hoc est intellectus agens. Unde duplex est potentia animae intellectivae, scilicet agens et passibilis...» (éd. J. HAMESSE, p. 186, n° 149). Cf. *De scientia Christi,* q. 4, ob. 8 (V, p. 21b).

La connaissance commence par les sens : *Analytica posteriora,* II, c. 19, 100a3ss. : «'Εκ μὲν οὖν αἰσθήσεως γίνεται μνήμη, ὥσπερ λέγομεν, ἐκ δὲ μνήμης πολλάκις τοῦ αὐτοῦ γινομένης ἐμπειρία. Αἱ γὰρ πολλαὶ μνῆμαι τῷ ἀριθμῷ ἐμπειρία μία ἐστίν. 'Εκ δ'ἐμπειρίας ἢ ἐκ παντὸς ἠρεμήσαντος τοῦ καθόλου ἐν τῇ ψυχῇ, τοῦ ἑνὸς παρὰ τὰ πολλά, ὃ ἂν ἐν ἅπασιν ἐν ἑνῇ ἐκείνοις τὸ αὐτό, τέχνης ἀρχὴ καὶ ἐπιστήμης, ἐὰν μὲν περὶ γένεσιν, τέχνης, ἐὰν δὲ περὶ τὸ ὄν, ἐπιστήμης.». Dans la traduction de Jacques de Venise : «Ex sensu quidem igitur fit memoria, sicut diximus, ex memoria autem multotiens facta experimentum. Multe enim memorie numero experimentum est unum. Ex experimento autem aut ex omni quiescente uniuersali in anima, uno preter multa, quodcumque in omnibus unum sit illis idem est, artis principium et scientiae, si quidem est circa generationem, artis est, si vero circa esse, scientie» (*Aristoteles latinus,* IV, 1-4, p. 105-106). Dans les *Auctoritates Aristotelis* : «Ex sensu nobis fit memoria, ex multis memoriis experimentum. Universale quiescens in anima est principium artis et scientiae» (éd. J. HAMESSE, p. 321, n° 120-121 ; cf. J.-G. BOUGEROL, «Dossier...», *AHDLMA,* 40, 1973, p. 156-157). Cf. *De scientia Christi,* q. 4, obi. 9 (V, p. 21b).

Voir J. ROHMER, «La théorie de l'abstraction dans l'école franciscaine d'Alexandre de Halès à Jean Peckam», *AHDLMA,* 3, 1928, p. 105-184 (pour Bonaventure, p. 141-161).

25. *Platon et Aristote (§ 18)*

Dans le *De scientia Christi,* q. 4 (V, p. 23a), Bonaventure
faisait allusion aux premiers académiciens qui soutenaient
que rien ne peut être connu de manière certitudinale si ce
n'est dans le monde archétype et intelligible ; et il précisait
qu'au dire d'Augustin dans le livre II du *Contra academicos,*
cette thèse était à l'origine du scepticisme des nouveaux
académiciens, du fait que ce monde intelligible est caché aux
esprits humains. Les éditeurs de Quaracchi (V, p. 23, n. 1),
suivis par Éd.-H. Wéber (p. 118, n. 51), font référence à *C.
acad.* II, 5, 11, où Augustin présente, en effet, l'opinion de la
nouvelle Académie, mais sans la relier à la thèse de
l'ancienne Académie. Je ne connais pas de texte d'Augustin
où cette liaison soit faite.

Augustin a disserté sur les Idées platoniciennes dans le
De diuersis quaestionibus LXXXIII, qu. 46 (*BA* 10, p. 122-
129) ; cf. *De ciuitate Dei,* VII, 28 : «Plato illas ideas tantam
uim habere dicit ut secundum eas non caelum aliquid fecerit,
sed etiam caelum factum sit» (*BA* 34, p. 204-207). Les
éditeurs de Quaracchi (V, p. 572, n. 5), suivis par R. Russo
(p. 122, n. 277), font référence à *De ciu. Dei,* VIII, 6, où il
s'agit de la partie physique de la philosophie platonicienne et
où il est, de fait, question de la *prima species* immuable qui
ne peut être qu'en Dieu.

Selon notre sermon, la critique justifiée qu'Aristote
adressait à Platon était d'avoir voulu réduire toute la
certitude de la connaissance à ces Idées, sans tenir compte de
la voie de la science. Et le reproche inverse que
Bonaventure adresse à Aristote se borne à une formule : «illa
superiore (uia) neglecta», sans autre insistance.

Dans la *collatio VI in Hexaemeron,* au contraire,
Bonaventure dénonce vigoureusement l'«obscurantisme»
d'Aristote : «Diuisit tamen Deus lumen a tenebris (cf. *Gen.*
1, 4), ut, sicut dictum est de angelis, sic dicatur de philo-
sophis. Sed unde aliqui tenebras secuti sunt ? Ex hoc quod,
licet omnes uiderint primam causam omnium principium,

omnium finem, in medio tamen diuersificati sunt. *Nam aliqui negauerunt in ipsa esse exemplaria rerum, quorum princeps uidetur fuisse Aristotelem qui,* et in principio Metaphysicae et in fine et in multis aliis locis *execratur ideas Platonis.* Vnde dicit quod Deus solum nouit se et non indiget notitia alicuius alterius rei et mouet ut desideratum et amatum. Ex hoc ponunt quod nihil uel nullum particulare cognoscat. Vnde illas ideas praecipuus impugnat Aristoteles et in ethicis, ubi dicit quod summum bonum non potest esse idea. *Et nihil ualent rationes suae* et Commentator soluit eas» (V, p. 360b - 361a).

Telle est l'erreur capitale d'Aristote qui entraîne son aveuglement concernant l'éternité du monde, l'unité de l'intellect et le destin de l'homme après la mort : «triplex caecitas uel caligo» (*Ibidem,* p. 361ab). J. Ratzinger a observé à cet égard qu'«il manque complètement dans ce canon de l'anti-aristotélisme une doctrine que l'on présente souvent comme la doctrine centrale de la distinction entre augustinisme et aristotélisme : la doctrine de l'illumination. Il n'en est pas dit un mot dans toute la discussion. En fait, elle n'était pas pour Bonaventure une question qui pouvait trancher entre Aristote et Augustin. Le *Commentaire des Sentences* et les *Questions disputées* montrent plutôt clairement deux choses : d'abord que Bonaventure considère aussi Aristote comme un témoin de la doctrine de l'illumination, ensuite que le Docteur séraphique reconnaît aussi la théorie de la connaissance de l'Aquinate comme une forme de la doctrine de l'illumination ; il est vrai comme une forme qu'il rejette, mais qui cependant demeure dans des cadres théologiquement possibles» (*La théologie de l'histoire de saint Bonaventure,* p. 157). Le différend, en effet, ne porte pas sur ce point et il faut renoncer à cet aspect de l'interprétation gilsonienne.

Dans notre sermon, Bonaventure se contente de combiner ou de juxtaposer (cf. F. van Steenberghen, *La philosophie au XIIIᵉ siècle,* p. 249) tranquillement l'abstraction aristotélicienne et l'illumination augustinienne. C'est un fait qui a retenu l'attention d'A. C. Pegis. Il lui paraît «entirely puzzling» (*St. Bonaventure Revisited,* p. 40). Ces notions, en effet, ne cohabitaient pas pacifiquement chez Thomas d'Aquin, ni chez les disciples augustiniens de Bonaventure : Matthieu d'Aquasparta, Roger Bacon, Jean Peckam, Jean Pierre Olivi : «For better or for worse, Augustine and Aristotle were both transformed in the minds of these thinkers, and indeed were transformed by one another. How is it that the Seraphic Doctor remained at such a serene distance from the battle ?» (*Ibid.,* p. 26). A. C. Pegis ne trouve de réponse que dans une certaine indifférence à l'égard de la pensée réelle d'Aristote, qui permet à Bona-venture de le présenter comme le garant de la science (p. 42)... «St. Bonaventure is not concerned with the internal economy of Aristotelian science ... (He) does not enter Aristotelian science ont its own ground — even to save it. The "saving" of Aristotelian science by divine light was to be sure the adventure of the new Augustinianism of St. Bonaventure's followers» (p. 43). On pourrait objecter qu'une telle opération ne devait ni ne pouvait se faire dans un sermon ; mais on ne la trouve pas davantage dans le *De scientia Christi* (cf. Pegis, p. 42).

26. Sagesse et science (§ 18-19)

Au début du livre XII du *De Trinitate,* Augustin distingue une fonction de la raison issue de la substance rationnelle de l'esprit humain et déléguée à l'administration du corporel et du temporel : «Illud uero nostrum quod in actione corporalium atque temporalium tractandorum ita uersatur ut non sit nobis commune cum pecore, rationale quidem est, sed ex illa rationali nostrae mentis substantia qua subhaeremus intellegibili atque immutabili Veritati, tam-quam ductum et inferioribus tractandis gubernandisque deputatum est» (3, 3 ; *BA* 16, p. 214-217). Il la compare à la femme : l'aide assortie à l'homme selon *Gen.* 2, 18 : «ut quemadmodum de illis dictum est : "Erunt duo in carne una" (*Gen.* 2, 24), sic de his dici possit : duo in mente una».

Dans le *De Genesi ad litteram,* III, 22, 34 (*BA* 48, 266-269), Augustin précise que l'idée de cette comparaison ne lui est pas propre : «Licet enim subtilissime disseratur ...». Il la doit peut-être à Origène, comme le suggère A. Solignac (*Ibid.,* p. 267, n. 30 et p. 626-627). Quoi qu'il en soit, ce «quoddam rationale coniugium contemplationis et actionis » (*De Trin.* XII, 12, 19 ; p. 246-247), lui sert à poser ensuite la distinction de la sagesse et de la science, qui régit la composition des livres XII, XIII et XIV du *De Trinitate.*

La distinction est autorisée (*De Trin.,* XII, 14, 22) par saint Paul : «Alii quidem datur per Spiritum sermo sapientiae, alii sermo scientiae secundum eumdem Spiritum» (*1 Cor.* 12, 8) ; et par le livre de *Job* : «Ecce pietas est sapientia ; abstinere autem a malis est scientia» (28, 28 ; cf. A.-M. La Bonnardière, *Recherches de chronologie augustinienne,* Paris, 1965, p. 138-139). «De la sagesse relève la connaissance intellectuelle des réalités éternelles ; de la science la connaissance rationnelle des réalités temporelles» (*De Trin.,* XII, 15, 25).

La distinction est illustrée, au livre XIII, par le *Prologue* johannique : «Haec autem omnia quae pro nobis Verbum caro factum temporaliter et localiter fecit et pertulit, secundum distinctionem quam demonstrare suscepimus, ad scientiam pertinent, non ad sapientiam. Quod autem Verbum est sine tempore et sine loco, est Patri coaeterno et ubique totum, de quo si quisquam potest, quantum potest, ueracem proferre sermonem, sermo ille erit sapientiae ; ac per hoc Verbum caro factum, quod est Christus Iesus, et sapientiae thesauros habet et scientiae ... Scientia ergo nostra Christus est, sapientia quoque nostra idem Christus est. Ipse nobis fidem de rebus temporalibus inserit, ipse de sempiternis exhibet ueritatem. Per ipsum pergimus ad ipsum, tendimus per scientiam ad sapientiam ; ab uno tamen eodemque

Christo non recedimus in quo sunt omnes thesauri sapientiae et scientiae absconditi (cf. *Col.* 2, 3)» (XIII, 19, 24).

Et Augustin précise encore, au début du livre XIV, que sa distinction dédouble l'antique définition de la sagesse : «Disputantes autem de sapientia definierunt eam dicentes "Sapientia est rerum humanarum diuinarumque scientia". Vnde ego quoque in libro superiore utrarumque rerum cognitionem, id est diuinarum atque humanarum, et sapientiam et scientiam dici posse non tacui. Verum, secundum hanc distinctionem qua dixit Apostolus : "Alii datur sermo sapientiae, alii sermo scientiae", ista definitio diuidenda est ut rerum diuinarum scientia proprie sapientia nuncupetur, humanarum autem proprie scientiae nomen obtineat ; de qua uolumine tertio decimo disputaui, non utique quidquid sciri ab homine potest in rebus humanis, ubi plurimum superuacaneae uanitatis et noxiae curiositatis est, huic scientiae tribuens, sed illud tantummodo quo fides saluberrima, quae ad ueram beatitudinem ducit, gignitur, nutritur, defenditur, roboratur...» (XIV, 1, 3).

La distinction des deux parties de la raison s'était imposée à l'attention des théologiens par l'intermédiaire des *Sentences* de PIERRE LOMBARD, II, d. 24, c. 5, 1 et 5 (éd. Quaracchi, p. 453-454) : «Ratio uero uis animae est superior, quae, ut ita dicam, duas habet partes uel differentias : superiorem et inferiorem. Secundum superiorem supernis *conspiciendis uel consulendis* intendit ; secundum inferiorem ad temporalium dispositionem prospicit ... Rationis autem pars superior *aeternis rationibus conspiciendis uel consulendis adhaerescit* ; portio inferior *ad temporalia gubernanda deflectitur.* Et illa rationis intentio qua contemplamur aeterna *sapientiae* deputatur ; illa uero *qua bene utimur rebus temporalibus scientiae deputatur. Cum* uero *disserimus de natura mentis humanae, de una quadam re disserimus ; nec eam in haec duo quae commemoraui nisi per officia geminamus*». J'ai disposé en italiques les emprunts textuels au *De Trinitate*, XII, 7, 12 ; 14, 22 ; 4, 4. Il apparaît ainsi que, malgré la finale, le résumé de Pierre

Lombard accentue les distinctions en deux parties ou portions.

On lit dans le *De scientia Christi,* q. 4, 27 (V, p. 20a) : «Cum duplex sit portio animae, superior et inferior, ratio inferior ortum habet a superiori, et non e conuerso ; sed ratio superior dicitur in quantum conuertitur ad leges aeternas ; inferior uero in quantum uersatur circa temporalia ; ergo per prius et naturaliter inest animae cognitio aeternalium quam temporalium ; ergo impossibile est quod aliquid ab ipsa cognoscatur certitudinaliter, nisi ab illis aeternis rationibus adiuuetur». Cette formulation d'une *ratio superior* et d'une *ratio inferior* est parfois abusivement attribuée à Augustin ; erreur dûment dénoncée par L. Brix, dans le *Bulletin Augustinien, Revue des Études Augustiniennes,* 19, 1973, p. 381-382.

En ce qui concerne la *scientia,* selon R. W. Mulligan, «Portio superior ...», *Franciscan Studies,* 15, 1955, p. 346 : «St. Bonaventure was faced with an acute probleme here, for his notion of science was utterly different from that of St. Augustine, because, like Aristotle, St. Bonaventure demanded of science the certitude found only in abstract principles and in the conclusions drawn from them, whereas for St. Augustine *scientia* meant simply a knowledge of singular contingent events that would gradually lead the mind to wisdom». Il me semble plutôt que Bonaventure fait la substitution tranquillement, sans problème, peut-être à cause de l'indifférence qu'il entretient à l'égard du contenu de la science aristotélicienne, selon A. C. Pegis (cf. NC précédente). Ce qui l'intéresse, c'est la combinaison de la science et de la sagesse dans l'unité du savoir chrétien.

Voir A. Poppi «Eredità classica e innovazione cristiana nel concetto di "sapientia" in S. Bonaventura e Tommaso d'Aquino», et F. Corvino, «Qualche annotazione sulla concezione della "sapientia" in Bonaventura da Bagnoregio».

27. La gradation (§ 19)

C'est l'un des modes de développement recommandés par les manuels de prédication : «Quintus modus dilatandi est per ea quae eiusdem sunt cognitionis, quae scilicet conueniunt in radice, licet aliquam diuersitatem habeant. *Posito igitur superlatiuo, discurratur ad positiuum et comparatiuum* ; uerbi gratia : "Accingere gladio tuo super femur tuum, potentissime" (*Ps.* 44, 4). Bene dicit : potentissime ; quidam accinguntur gladio *potenter,* ut coniugati ; quidam *potentius,* ut continentes ; quidam *potentissime,* ut uirgines ...» (*Ars concionandi,* 42 ; IX, p. 19a) ; cf. É. GILSON, «Michel Menot et la technique du sermon médiéval», p. 140.

Bonaventure recourt volontiers à ce procédé ; par exemple, *Breuiloquium,* Prol., 3, 1 et 3 (éd., trad. J.-G. BOUGEROL, p. 102-105) : «(Sacra Scriptura) ex descriptione ecclesiasticae hierarchiae est *alta,* ex descriptione angelicae *altior,* ex descriptione diuinae *altissima* ... Est enim pulchritudo *magna* in machina mundana, sed longe *maior* in ecclesia pulchritudine sanctorum charismatum adornata, *maxima* autem in Ierusalem superna, *supermaxima* autem in illa Trinitate summa et beatissima» ; *Sermo* 49, 6 (éd. J.-G. BOUGEROL) : «*Magna* humilitas est ministrare superiori, *maior* pari, sed *maxima* et perfecta inferiori» ; *Itinerarium,* 2, 12 (éd., trad. H. DUMÉRY, p. 58-59) : «Omnis enim creatura ex natura est illius aeternae Sapientiae quaedam effigies et similitudo, sed *specialiter* illa quae in libro Scripturae per spiritum prophetiae assumpta est ad spiritualium praefigurationem, *specialius* autem illae creaturae in quarum effigie angelico ministerio uoluit apparere, *specialissime* uero ea quam uoluit ad significandum instituere, quae tenet non solum rationem signi secundum nomen commune, uerum etiam sacramenti».

28. Christus uiator et comprehensor (§ 19)

«Le Christ a possédé la sagesse et comme Dieu et comme homme, *et ut Deus et ut homo, ut comprehensor et ut uiator*»

(*Breuiloquium,* p. 4, 6, 1 ; éd., trad. B. CARRA DE VAUX, p. 92-93). «Quoniam ergo Christus mediator debuit habere innocentiam et beatitudinem fruitionis cum mortalitate et passibilitate, hinc est quod simul debuit esse *uiator et comprehensor*» (*Ibidem,* p. 4, 8, 3 ; p. 108-109). Le mot *comprehensor* est particulièrement difficile à rendre en français. B. Carra de Vaux traduit ainsi la première formule : «*comme bienheureux et comme pèlerin ici-bas*», et la seconde : «*il dut être en même temps pèlerin ici-bas et citoyen du ciel*». On lit aussi dans le *De scientia Christi,* q. 7 (V, p. 40a) : «Hic autem modus cognoscendi per excessum est in uia et in patria ; sed in uia ex parte, in patria uero perfecte in Christo et in aliis *comprehensoribus*» ; dans la traduction de H.-Éd. WÉBER (p. 75) : «Ce mode de connaissance par dépassement extatique vaut aussi bien pour l'état pérégrin que pour celui de la patrie. Mais pour l'homme pérégrin il n'est que partiel, tandis que dans la patrie, il s'exerce en perfection tant chez le Christ que chez les autres *élus*».

La formule provient de Saint Paul, *1 Cor.* 9, 24 : «Nescitis quod ii qui in stadio currunt, omnes quidem currunt, sed unus accipit brauium ? sic currite ut comprehendatis (οὕτως τρέχετε ἵνα καταλάβητε [τὸ βραβεῖον])» ; *Phil.* 3, 13 : «ego me non arbitror comprehendisse (ἐγὼ ἐμαυτὸν οὔπω λογίζομαι κατειληφέναι)» ; il s'agit donc de la distinction du chemin à parcourir (*uia*) et du but à atteindre (*patria*). Le *comprehensor* est celui qui se saisit du prix de la victoire. C'est pourquoi j'ai choisi de traduire le mot par «possesseur».

Dans le *Tractatus de sacramentis,* GUY D'ORCHELLES, traitant «De dotibus resurgentium», écrivait : «Erunt autem tres dotes animae : cognitio quae succedet fidei, comprehensio quae succedet spei, dilectio quae manebit ... nihil aliud est comprehensio quam firma possessio et inamissibilis adeptio rei prius speratae» (éd. D. et O. VAN DEN EYNDE, Louvain-Paderborn, 1953, p. 232-234). Dans la *Summa aurea,* à propos du ravissement de Paul au troisième ciel (2

Cor. 12, 2-4), GUILLAUME D'AUXERRE se demandait : «Vtrum uisio quam habuit in raptu fuit comprehensoris uel uiatoris ?» (III, tr. XXXVII, cap. 2 ; éd. J. RIBAILLIER, p. 701) ; et il répondait, conformément à la réflexion d'AUGUSTIN, *De Genesi ad litteram,* XII, 28, 56 (*BA* 49, p. 428-429 ; voir le commentaire d'A. SOLIGNAC, p. 579-581), que cette vision était d'ordre intellectuel et s'était faite, non «per speculum», mais «facie ad faciem» (cf. *1 Cor.* 13, 12), autrement dit, non pas «ad modum uiatoris», mais «ad modum comprehensoris».

Dans le cas de Paul, ce fut une expérience momentanée et exceptionnelle; dans le cas du Christ, c'est un état ou un acte permanents. THOMAS D'AQUIN s'est exprimé à ce sujet avec une parfaite clarté notamment dans la *Summa theologica,* IIIª p., q. 15, a. 10 : «Respondeo dicendum quod aliquis dicitur uiator ex eo quod tendit ad beatitudinem ; comprehensor autem dicitur ex hoc quod iam beatitudinem obtinet ; secundum illud *1 Cor.* 9 (24) : "Sic currite ut comprehendatis", et *Phil.* 3 (12) : "Sequor autem, si quo modo comprehendam". Hominis autem beatitudo perfecta consistit in anima et corpore ... Christus autem, ante passionem, secundum mentem plene uidebat Deum ; et sic habebat beatitudinem quantum ad id quod est proprium animae. Sed quantum ad alia deerat ei beatitudo, quia et anima eius erat passibilis et corpus passibile et mortale ... Et ideo simul erat comprehensor, in quantum habebat beatitudinem propriam animae, et simul uiator in quantum tendebat ad beatitudinem, secundum id quod ei de beatitudine deerat». Voir Éd.-H. WÉBER, *Le Christ selon saint Thomas d'Aquin,* p. 216-217, et les références de la note179, p. 249 ; L. IAMMARRONE, «La visione beatifica di Cristo Viatore nel pensiero di San Tommaso», *Doctor communis,* 36, 1983, p. 287-330 (ce cahier est entièrement consacré au thème *Christus uiator*).

29. *Non enim indoctas fabulas... (§ 24)*

Les éditeurs de Quaracchi (V, p. 573b), suivis par R. Russo (p. 128), ont aligné la citation de *2 Petr.* 1, 16 sur le texte de la Vulgate. Peut-être ont-ils fait de même dans leur édition de l'*In Iohannis euangelium,* coll. 79, 13 (VI, p. 630b) et dans le *Sermo de Trinitate* (IX, p. 357b). On lit, en revanche, dans le *Comment. in euangelium Lucae,* coll. 9, 66 (VII, p. 238a) : «Non enim indoctas fabulas secuti, notam fecimus uobis Domini nostri Iesu Christi uirtutem et praesentiam ...», et en note 6 : «Pro *indoctas fabulas,* quod iam exhibet Beda, Vulgata *doctas fabulas* (σεσοφισμένοις μύθοις)». Voir BÈDE LE VÉNÉRABLE, *In cantica canticorum,* I, 2, 8 (*PL* 91, 1108C ; *CCL* 119B, p. 219).

Bonaventure a suivi le texte de la «Bible parisienne» (cf. NC 4, p. 76-77), si l'on en juge par l'apparat de la *Vetus Latina,* 26/1, *Epistulae catholicae* (éd. W. THIELE, Freiburg, 1956-1969), p. 199-200.

30. *Medullae cordis (§ 26)*

La formule se retrouve dans le *Breuiloquium,* 7, 2, 4 (V, p. 283a) : «Tanto enim difficilius quis purgatur, quanto *medullis cordis* eius intimius amor inhaeserat mundanorum» ; trad. L. PRUNIÈRES, p. 69 : «Plus l'amour mondain avait d'adhérence dans l'intime des fibres du cœur, plus la purification est difficile». Dans sa littéralité la formule relève à première vue d'une anatomie étrange ; mais le mot *medullae* ne désigne pas uniquement la moelle osseuse. Bonaventure lisait dans la Bible : «medulla terrae» (*Gen.* 45, 12), «medulla olei et uini ac frumenti» (*Num.* 18, 12), «medulla tritici» (*Deut.* 32, 14).

Il est pourtant possible que Bonaventure ait bien voulu dire «les moelles du cœur», à la manière d'Augustin dans les *Confessions,* III, 6, 10 : «O Veritas, Veritas, quam intime etiam tum medullae animi mei suspirabant tibi». Il écrivait dans le prologue du *Breuiloquium* (V, p. 202a ; trad. J.-G. BOUGEROL, p. 89) : «flectendo genua cordis nostri». Le cœur, en effet, désignait couramment chez les Pères l'homme intérieur qui a des organes et des sens analogues à ceux de l'homme extérieur, suivant le principe de l'homonymie énoncé par Origène, *Entretien avec Héraclide,* 15-22 (*Sources Chrétiennes,* 67, p. 88-99) ; cf. G. Madec, «L'homme intérieur selon saint Ambroise», *Ambroise de Milan. XVIe Centenaire de son élection épiscopale,* Paris, 1974, p. 283-308. Augustin parlait dans les *Confessions* de la «bouche du cœur» (VI, 3, 3), et de la «main du cœur» (X, 8, 12). Voir la NC de M-F. Berrouard, «Les sens du cœur», *BA* 72, p. 736-738. Cf. K. Rahner, «La doctrine des "sens spirituels" au Moyen-Âge, en particulier chez S. Bonaventure», *Revue d'ascétique et de mystique,* 14, 1933, p. 263-299.

Table des citations*

ÉCRITURE SAINTE

---

* L'astérisque signale les citations dûment annoncées par Bonaventure.

AUTEURS

Table analytique

Index bibliographique

ŒUVRES DE SAINT BONAVENTURE

Doctoris Seraphici S. BONAVENTURAE, S.R.E. episcopi cardinalis *Opera omnia* ... edita studio et cura PP. Collegii a S. Bonaventura ... Ad Claras Aquas (Quaracchi) prope Florentiam, 10 t., 1882-1902.

Sancti BONAVENTURAE *Sermones dominicales,* ad fidem codicum nunc denuo editi studio et cura Iacobi Guidi BOUGEROL, coll. : «Bibliotheca Franciscana Scholastica Medii Aevi», Grottaferrata, Collegio S. Bonaventura, 1977.

Saint BONAVENTURE, *Breviloquium,* texte latin de Quaracchi et traduction française, Éditions Franciscaines, 8 volumes, 1966-1967 :

> *Introduction générale,* Introduction au prologues et notes par J.-G. BOUGEROL,
>
> 1. *La Trinité de Dieu,* par L. MATHIEU,
>
> 2. *Le monde créature de Dieu,* par Tr. MOUIREN,
>
> 3. *La corruption du péché,* par Ph. DELHAYE et L. HAMELIN,
>
> 4. *L'incarnation du Verbe,* par B. CARRA DE VAUX,
>
> 5. *La grâce du Saint-Esprit,* par J.-P. REZETTE,
>
> 6. *Les remèdes sacramentels,* par L. MATHIEU,
>
> 7. *Le Jugement dernier,* par L. PRUNIÈRES.

Saint BONAVENTURE, *Les six lumières de la connaissance humaine. De reductione artium ad theologiam,* texte latin de Quaracchi et traduction française, Introduction et notes par Pierre MICHAUD-QUANTIN, coll. : «Bibliothèque bonaventurienne», Paris, Éditions Franciscaines, 1971.

S. BONAVENTURE, *Itinéraire de l'esprit vers Dieu.* Texte de Quaracchi, Introduction, traduction et notes par Henry DUMÉRY, coll. : «Bibliothèque des textes philosophiques», Paris, Vrin, 1960.

Saint BONAVENTURE, *Questions disputées sur le savoir chez le Christ.* Traduction, introduction et notes par Éd.-H. WÉBER, Paris, coll. : «Sagesse chrétienne», O.E.I.L., 1985.

RUSSO R. , *La metodologia del sapere nel sermone di S. Bonaventura «Unus est magister vester Christus con nuova edizione critica e traduzione italiana,* coll. : «Spicilegium Bonaventurianum», XXII, Grottaferrata, 1982.

Saint Bonaventure, Œuvres présentées par le R. P. Valentin-M. BRETON, coll. : «Les maîtres de la spiritualité chrétienne», Paris, Aubier, 1943, . 369-386 : «L'unique maître».

Philosophes médiévaux, Anthologie de textes philosophiques (XIIIᵉ-XIVᵉ siècles, sous la direction de Ruedi IMBACH et Maryse-Hélène MÉLÉARD, Série «Bibliothèque médiévale», Paris, 10/18, 1986, p. 105-121 : «Bonaventure, Sermon "Vous avez un seul maître, le Christ"», Introduction par J.-G. BOUGEROL, traduction et présentation par G. MADEC».

TRAVAUX*

BARATA-MOURA J. , «Inteligibilidade por meio de esquema. Aplicação à estructura formal de algumas obras de são Boaventura», *S. Bonaventura, 1274-1974,* Grottaferrata, Collegio S. Bonaventura, II, p. 417-433 (74).

BERGER S., *Histoire de la Vulgate pendant les premiers siècles du Moyen Âge,* Paris, 1893 (76).

BERROUARD F.-M., «Les sens du cœur», *Œuvres de saint Augustin, Homélies sur l'Évangile de saint Jean, Bibliothèque Augustinienne,* vol.72, Paris, DDB, 1977, p. 736-738 (120).

——, «L'incarnation et les fiançailles du Christ et de l'Église», *Ibidem,* p. 891-893 (93).

——, «Mort du Christ et formation de l'Église», *Ibidem,* p. 904-906 (93).

——, «Saint Augustin et le ministère de la prédication. Le thème des anges qui montent et qui descendent», *Recherches Augustiniennes,* 2, 1962, p. 447-501 (95).

BERTAUD É. et RAYEZ A., «Échelle spirituelle», *Dictionnaire de spiritualité,* 4, 1960, col. 62-86 (95-96).

BÉRUBÉ C. et GIEBEN S., «Guibert de Tournai et Robert Grosseteste, sources inconnues de la doctrine de l'illumination, suivi de l'Édition critique de trois chapitres du *Rudimentum doctrinae* de

---

* Les chiffres entre parenthèses renvoient aux pages et aux notes où j'ai fait état des études mentionnées.

Guibert de Tournai», *S. Bonaventura, 1274-1974,* Grottaferrata, Collegio S. Bonaventura, II, p. 627-654 (8 n. 3).

BISSEN J.-M., «De la contuition», *Études franciscaines,* 46, 1934, p. 559-569 (106).

——, *L'exemplarisme divin selon saint Bonaventuare,* Paris, Vrin, 1929 (85).

BONNEFOY J.-F. *Le Saint-Esprit et ses dons selon S. Bonaventure,* Paris, Vrin, 1929 (75 ; 79-80).

BOUGEROL J.-G., *Introduction à l'étude de S. Bonaventure,* Paris - Tournai, Desclée & C°, 1961 (7, n. 1 ; 8, n. 2 ; 11, n. 18 ; 78 ; 91 ; 103).

——, *Introduction à saint Bonaventure,* Paris, Vrin, 1988 (7, n. 1 ; 11, n. 18 ; 76 ; 91 ; 93 ; 103).

——, *Sancti Bonaventurae Sermones dominicales* (voir ci-dessus : Œuvres) (71 ; 82-83 ; 84 ; 86).

——, «Dossier pour l'étude des rapports entre saint Bonaventure et Aristote», *Archives d'Histoire Doctrinale et Littéraire du Moyen Âge,* 40, 1973, p. 135-222 (84 ; 109).

——, «Saint Bonaventure et la hiérarchie dionysienne», *Ibidem,* 36, 1976, 131-167 (91).

BRADY I., «The *Opera omnia* of Saint Bonaventure Revisited», *Proceedings of the seventh Centenary Celebration of the Death of Saint Bonaventure,* Edited by Pascal E. FOLEY, St. Bonaventure, N. Y. 1975, p. 47-59 (8).

CAYRÉ F., «La contuition et la vision médiate de Dieu d'après saint Augustin», *Ephemerides Theologicae Lovanienses,* 6, 1929, p. 23-39 ; p. 205-229 (106).

CHARLAND Th.-M., *Artes praedicandi, Contribution à l'histoire de la rhétorique au Moyen Âge,* «Publications de l'Institut d'Études médiévales d'Ottawa», Paris, Vrin, 1936 (11, n. 14 ; 20, n. 48 ; 77).

CHÂTILLON J., «Saint Bonaventure et la philosophie», *D'Isidore de Séville à Saint Thomas d'Aquin, Variorum Reprints,* XII, 15 p., Londres, 1985 (98).

CHENU M.-D., Introduction à l'ouvrage de Th.-M. CHARLAND, *Artes praedicandi.* (10, n. 11 et 13).

CORVINO F., «Qualche annotazioni sulla concezione della "sapientia" in Bonaventura da Bagnoregio», G. BARONE, A. POPPI, F. CORVINO, C. FABRO, N. INCARDONA, *Il concetto di "Sapientia" in san Bonaventura e san Tommaso,* Palermo, Enchiridion, 1983, p. 69-90 (115).

COUSINS E., «Teilhard de Chardin et saint Bonaventure», *Fondation et association Teilhard de Chardin,* Cahier VIII, *Terre promise,* Paris, 1974, p. 195-211 (17, n. 39).

CROWLEY T., «Illumination and Certitude», *S. Bonaventura, 1274-1974*, Grottaferrata, Collegio S. Bonaventuea, III, p. 431-448 (108).

DASSMANN E., *Die Frömmigkeit des Kirchenvaters Ambrosius von Mailand*, Münster i. W., 1965 (13, n. 26).

DE BRUYNE E., *Études d'esthétique médiévale*, Bruges, De Tempel, 1946, 3 volumes. (11, n. 15-16).

DECKER B., *Die Entwicklung der Lehre von der prophetischen Offenbarung von Wilhelm von Auxerre bis zu Thomas von Aquin*, Breslau, Müller und Seiffert, 1940 (81).

DE VILLAMONTE A., «El Padre Plenitud fontal de la Deidad», *S. Bonaventura, 1274-1974*, Grottaferrata, Collegio S. Bonaventura, IV, p. 221-242 (75).

DISTELBRINK B., *Bonaventurae scripta authentica, dubia uel spuria*, Roma, Istituto Storico Cappucini, 1975 (8, n. 4 et 7).

DONDAINE H.-F., *Le corpus dionysien de l'Université de Paris au XIIIe siècle*, Rome, 1953 (91).

GERKEN A., *La théologie du Verbe,. La relation entre l'Incarnation et la création selon saint Bonaventure*, traduction par J. GRÉAL, Paris, Éditions Franciscaines, 1970 (8, n. 5 ; 80 ; 107).

GERSTER T. V., *Jesus in ore Prophetarum. Tractatus de vaticiniis messianicis iuxta S. Bonaventurae doctrinam*, Torino, Marietti, 1934 (81).

GILSON É., *Introduction à l'étude de saint Augustin*, Paris, Vrin, 2e éd., 3e tirage, 1982 (89).

——, *La philosophie de saint Bonaventure*, Paris, Vrin, 2e éd., 4e tirage, 1984 (85 ; 98 ; 106).

——, «Michel Menot et la technique du sermon médiéval», *Les idées et les lettres*, Paris, Vrin, 1932, p. 93-154 (11, n. 19 ; 116).

——, «Note conjointe de M. Gilson sur l'étude de saint Augustin», *L'Année Théologique*, 5, 1944, p. 320-330 (90).

GLORIEUX P., «L'enseignement au moyen âge : techniques et méthodes en usage à la Faculté de théologie de Paris au XIIIe siècle», *Archives d'Histoire Doctrinale et Littéraire du Moyen Âge*, 43, 1968, p. 65-186 (9, n. 10).

GOUHIER H., *Malebranche, Méditations chrétiennes*, Paris, 1928 (16, n. 36-37).

GUARDINI R., *Die Lehre des hl. Bonaventura von der Erlösung*, Düsseldorf, 1921 (74).

——, *Systembildende Elemente in der Theologie Bonaventuras. Die Lehren von Lumen mentis, von der Gradatio entium und der Influentia sensus et et motus*, herausgegeben von Werner DETTLOF, Leiden, Brill, 1964 (74).

HAMESSE J., *Les Auctoritates Aristotelis . Un florilège médiéval. Étude historique et édition critique,* coll. «Philosophes médiévaux», XVII, Louvain-Paris, Béatrice-Nauwelaerts, 1974 (84 ; 108-109).

——, «"Reportatio" et transmission de textes», *The Editing of Theological and Philosophical Texts from the Middle Ages,* Acts of the Conference Arranged by the Department of Classical Languages, University of Stockholm, 29-31 August 1984, p. 11-34 (18, n. 44).

HAZEL H. C., «The Bonaventurian "Ars concionandi"», *S. Bonaventura, 1274-1974,* Grottaferrata, Collegio S. Bonaventura, II, p. 435-446 (11, n. 20).

HEITZ Th., *Essai historique sur les rapports entre la philosophie et la foi de Bérenger de Tours à S. Thomas d'Aquin,* Paris, 1909 (17, n. 38).

IAMMARONE L., «La contuizione bonaventuriana», *Miscellanea francescana,* 58, 1958, p. 36-42 (106-107).

——, «La visione beatifica di Cristo Viatore nel pensiero di San Tommaso», *Doctor communis,* 36, 1983, p. 287-330 (118).

——, «S. Agostino e S. Bonaventura», *Augustinus et Thomas,* Numero speciale di "Doctor Communis", *Omaggio dell'Accademia di S. Tommaso d'Aquino a Sant'Agostino d'Ippona nel XVI centenario della conversione* (= *Doctor Communis,* 39, 1986), p. 359-379.

LA BONNARDIÈRE A.-M., «Le Cantique des Cantiques dans l'œuvre de saint Augustin», *Revue des Études Augustiniennes,* 1, 1955, p. 225-237 (92).

——, *Recherches de chronologie augustinienne,* Paris, Études Augustiniennes, 1965 (113).

Lexique Saint Bonaventure, publié sous la direction de J.-G. BOUGEROL, Paris, Éditions Franciscaines, 1969 (78 ; 79).

LIGHT L., «Versions et révisions du texte biblique», *Le Moyen Âge et la Bible,* coll. «La Bible de tous les temps», Paris, Beauchesne, 1984, p. 55-93 (76).

LIESKE A., *Die Theologie der Logosmystik bei Origenes,* Münster i. W., 1938 (13, n. 26).

LOBRICHON G., «Une nouveauté : les gloses de la Bible», *Le Moyen Âge et la Bible,* coll. «La Bible de tous les temps», Paris, Beauchesne, 1984, p. 95-114 (76).

LONGÈRE J., *La prédication médiévale,* Paris, Études Augustiniennes, 1983 (9, n. 10 ; 11, n. 17 et 19).

MADEC G., Introduction au *De magistro, Œuvres de saint Augustin, Bibliothèque Augustinienne,* vol. 6³, Paris, DDB, 1976, p. 9-40 (13, n. 27).

——, «Condiscipuli sumus», *Ibidem,* p. 545-548 (72).

——, «La Sagesse, art de Dieu», *Ibidem,* p. 567-570 (75 ; 85).

——, *La Patrie et la Voie. Le Christ dans la vie et la pensée de saint Augustin*, Paris, Desclée, 1989 (92).

MATEOS DE ZAMAYON P. , «Teoria del conocimiento según san Buenaventura. La iluminación», *S. Bonaventura, 1274-1974*, Grottaferrata, Collegio S. Bonaventura, III, p. 407-430 (108).

MULLIGAN R.W., «Portio superior and Portio inferior rationis in the Writings of St Bonaventure», *Franciscan Studies*, 15, 1955, p. 332-349 (115).

NORMANN Fr., *Christos didaskalos. Die Vorstellung von Christus als Lehrer in der christlichen Literatur des ersten und zweiten Jahrhunderts*, Münster i. W., Aschendorff, 1967 (13, n. 26).

NORPOTH L., *Der pseudo-augustinische Traktat : De spiritu et anima*, Philosophische Dissertation, München, 1924, Köln - Bochum, 1971 (94).

PEGIS A.C., «S. Bonaventure Revisited», *S. Bonaventura 1274-1974*, Grottaferrata, Collegio S. Bonaventura, II, p. 21-44 (112 ; 115).

PÉPIN J., «L'Itinéraire de l'âme vers Dieu selon saint Bonaventure», *Les deux approches du christianisme*, Paris, Éditions de Minuit, 1961, p. 205-279 (102).

RACITI G., «L'autore del "De spiritu et anima", *Rivista di Filosofia neoscolastica*, 53, 1961, p. 385-401 (93).

RATZINGER J., *La théologie de l'histoire de saint Bonaventure*, traduit par R. GIVORD, révisé par L. BURGER et F. VINEL, coll. : «Théologiques», Paris, P. U. F. 1988 (98 ; 111).

RAUCH W., *Das Buch Gottes. Eine systematische Untersuchung des Buchbegriffes bei Bonaventura*, München, Hüber, 1961 (97).

ROHMER J., «La théorie de l'abstraction dans l'école franciscaine d'Alexandre de Halès à Jean Peckam», *Archives d'Histoire Doctrinale et Littéraire du Moyen Âge*, 3, 1928, p. 105-184 (109).

ROSENMÖLLER B., *Religiöse Erkenntnis nach Bonaventura*, Münster i. W., Aschendorff, 1925 (107).

RUSSO R., *La metodologia del sapere* (voir ci-dessus : Œuvres) (18, n. 43 ; 78).

SAINT THOMAS D'AQUIN, *Questions disputées sur la vérité. Question XI : Le maître (De magistro)*. Préface de J. CHÂTILLON, Texte latin de l'édition léonine, Introduction, traduction et notes par B.JOLLÈS, Paris, Vrin, 1983 (13-14, n. 28-30).

SCHNEYER J. B., *Repertorium der lateinischen Sermones des Mittelalters für die Zeit von 1150-1350*, t. 1-9, Münster in W., Aschendorff, 1969-1979. I, (11, n. 17).

——, «Das Bild des Predigers bei Bonaventura», *S. Bonaventura, 1274-1974*, Grottaferrata, Collegio S. Bonaventura, II, p. 517-530 (11, n. 20 ; 12, n. 23).

SCIAMANNINI R., *La contuizione bonaventuriana*, Firenze, Città di Vita, 1957 (106).

Table des matières

Introduction

Texte et traduction

Notes complémentaires

Imprimerie de la Manutention à Mayenne – Octobre 1998 – N° 353-98
Dépôt légal : 4ᵉ trimestre 1998

ARISTOTE
- *De l'âme*, 244 p.
- *Les économiques*, 80 p.
- *De la génération et de la corruption*, 174 p.
- *Ethique à Nicomaque*, 544 p.
- *Ethique à Eudème*, 240 p.
- *Métaphysique*, t. I, (Livres A-Z), 320 p.
- *Métaphysique*, t. II (Livres H-N), 352 p.
- *La physique* (SP).
- *La politique*, 604 p.
- *Sur la nature. Physique II*, 160 p.

BACHELARD
- *La formation de l'esprit scientifique*, 256 p.

CANGUILHEM
- *La connaisance de la vie*, 200 p.

CASSIRER
- *Descartes, Corneille, Christine de Suède*, 128 p.

CAVAILLES
- *Sur la logique et la théorie de la science*, 160 p.

COMTE
- *Discours sur l'esprit positif*, 256 p.

DESCARTES
- *Discours de la méthode*, 148 p.
- *Principes de la philosophie, 1ère partie*, 160 p.
- *Règles pour la direction de l'esprit*, 152 p.
- *Les passions de l'âme*, 246 p.
- *La morale* (textes choisis), 190 p.

FICHTE
- *Conférences sur la destination du savant*, 166 p.

GILSON
- *Héloïse et Abélard*, 216 p.

GOUHIER
- *Le théâtre et l'existence*, 224 p.
- *La vie d'Auguste Comte*, 288 p.

HEGEL
- *Concept préliminaire de la philosophie*, 288 p.
- *Des manières de traiter scientifiquement du droit naturel*, 104 p.
- *Préface et introduction à la* Phénoménologie de l'esprit, 320 p.

HOBBES
- *De la nature humaine*, 192 p.

HUME
- *Dialogues sur la religion naturelle*, 256 p.
- *L'histoire naturelle de la religion*, 246 p.

HUSSERL
- *Méditations cartésiennes. Introduction à la phénoménologie*, 256 p.

KANT
- *Anthropologie d'un point de vue pragmatique*, 176 p.
- *Le conflit des facultés*, 148 p.